RECHERCHES

SUR LA

PRIORITÉ DE LA RENAISSANCE

DE L'ART ALLEMAND

Du même auteur :

GUIDE DE L'AMATEUR DE FAIENCE ET PORCELAINES, 1 volume in-18 jesus, orné de plus de 300 figures dans le texte. Prix : 3 fr. 50 c.

Paris. — Imprimerie de P.-A. Bourdier et Cie, rue Mazarine, 30.

RECHERCHES

SUR LA

PRIORITÉ DE LA RENAISSANCE

DE L'ART ALLEMAND

FAÏENCES DU 13e SIÈCLE

TERRES CUITES ÉMAILLÉES DU 3e SIÈCLE

PAR

M. AUGUSTE DEMMIN

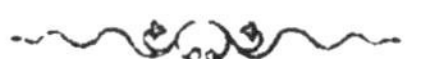

PARIS

Ve JULES RENOUARD, LIBRAIRE

6, RUE DE TOURNON

1862

RECHERCHES

SUR

LA PRIORITÉ DE LA RENAISSANCE

DE L'ART ALLEMAND

PREMIÈRE PARTIE

FAIENCES DU 13e SIÈCLE

TERRES CUITES ÉMAILLÉES DU 5e SIÈCLE

L'idée si répandue que presque tout ce qui se rapporte à la Renaissance, aux inventions et aux créations artistiques, doit nécessairement dériver de source italienne, a toujours faussé et fausse encore aujourd'hui la critique et le jugement des amateurs. C'est peut-être dans le manque d'une histoire de l'art allemand, écrite sans aucune préoccupation classique, que l'on doit en partie chercher la cause d'une pareille idée. Beaucoup d'archéologes de nos jours, partant encore de cette fausse route, n'ont pu se défendre de partialité, et ont suivi les mêmes errements et subi les mêmes préjugés que leurs devanciers. L'étude de l'art en souffre. Les historiens doivent continuellement rectifier des erreurs que la prévention avait fait naître et qui ont passé dans le domaine de l'indiscutable et de la chose jugée. Cette singulière disposition d'esprit a pris son origine dans des études trop exclusivement classiques où une théorie traditionnelle fait négliger la saine critique. J'ai des amis respectables et d'un grand savoir qui voudraient bien faire remonter l'invention de la vapeur au temps d'Alcibiade; et, si l'époque du premier emploi de l'arme à feu n'était pas établie, ils pencheraient volontiers à croire que Jules César s'en était servi déjà à côté des catapultes. Ne chercheraient-ils même pas une parenté directe entre les Italiens et les juifs Tubal-Caïn et Jubal, descendants de Caïn, les premiers artistes, selon la Bible? En admettant Adam comme le père commun, ils sont sûrs du fait! Pour eux, une maison à toiture pointue et à pignon ne peut avoir abrité le berceau d'un véritable artiste; semblables à ces savants en *us* du dernier siècle, ils donneraient tous les chefs-d'œuvre des Jean Goujon, des Jean Cousin, des Peter Vischer, des Adam Kraft, des Veit Stoss, des Schluter [1], etc., pour quelque ouvrage

[1] Ce célèbre artiste, mort en 1714, est l'auteur de la statue équestre à Berlin du grand électeur de Brandenburg, mort en 1688. Cette statue, ainsi que les quatre guerriers ou esclaves enchaînés aux angles du piédestal, plus grands que nature, sont

italien, copié maladroitement de l'antique! — Je l'ai déjà soutenu ailleurs et je le répète : la Renaissance en peinture, aussi bien qu'en architecture, qu'en sculpture, qu'en orfévrerie, qu'en fonderie et qu'en *poterie*, est plutôt sortie d'Allemagne que d'Italie. L'Italie a *suivi* et non pas précédé la Germanie.

La prévention contre l'Allemagne et l'ignorance sur tout ce qui se rapporte à ce grand pays se sont répandues particulièrement dans la littérature. Les belles-lettres ont accepté de la science cette prévention, les yeux fermés. L'Allemagne est aussi peu connue aujourd'hui qu'il y a cent ans! Pour bien connaître un pays et apprécier son génie, la tendance de ses productions artistiques, le développement de sa littérature, il faut connaître sa langue. Personne ne parle allemand à l'étranger. L'Allemand, en parlant toutes les langues, a fait trop pour la facilité des autres na-

en bronze d'une exécution parfaite. Les expressions caractéristiques et variées des figures et le modelé si vivant des chairs frappent même le vulgaire spectateur. Le socle de marbre blanc est orné de beaux bas-reliefs de bronze. L'ensemble se ressent malheureusement un peu du style de Louis XIV, mais le génie de l'artiste y domine. C'est une œuvre capitale. Les fameux vingt et un masques ou mascarons, à la clef d'arc des fenêtres de la cour de l'arsenal de Berlin (une des plus remarquables constructions de l'Europe, bâtie de 1695 à 1706 par Neringer, où on admire surtout des voûtes hardies à l'intérieur des galeries), qui représentent des têtes de guerriers mourants, sont d'un très-grand mérite artistique par l'expression de leur agonie.

tions, qui abusent de sa modestie proverbiale, et laissent circuler chez eux des plagiats nombreux de sa littérature. Quand presque partout ailleurs la science doit attendre les traductions, les Allemands lisent les ouvrages étrangers en originaux, aussitôt parus, et se trouvent ainsi toujours à la hauteur du jour. Leur poésie, la plus riche et peut-être la seule véritable après Homère et Shakspeare, est intraduisible; c'est pourquoi Gœthe ne sera jamais connu que dans son pays. Leur grande peinture historique, basée sur une étude universelle, paraît souvent mystique à la critique étrangère, qui ne rencontre pas chez elle l'art si étroitement lié à la science. Cornelius, Kaulbach, Overbeck, l'infortuné Rethel, auteur des fresques de l'hôtel de ville de Aachen (Aix-la-Chapelle), mort fou d'excès de travail, sont les grands peintres modernes de cette tendance.

Il est curieux de voir comme on connaît peu au dehors les idées et les mœurs allemandes. George Sand, ce grand romancier, ne l'est plus aussitôt qu'il touche à ce pays. Quand il dresse ses *marionnettes* sur ce sol, la scène ne montre plus que des *pantins* faux et ridicules. La poésie rêveuse, les sentiments esthétiques, la solidité d'instruction, jusqu'aux illusions romanesques, enfin tout ce qu'il connaît de l'Allemagne par la lecture, ne lui servent qu'à affubler ses personnages italiens, qui paraissent tout drôles dans leurs faux airs de Werther et de Posa.

A partir de Charlemagne, le génie germanique ou

franc avait commencé à dominer le monde matériellement aussi bien que moralement, et si cette race employait souvent l'idiome latin, son *esprit* et sa tendance ne restaient pas moins essentiellement francs. Rome et l'Italie même, en s'intitulant, comme dans le passé, fièrement « *la maîtresse du monde* » et appelant ses vainqueurs « *des barbares*, » ne subissait pas moins une influence relative de ces barbares chez lesquels l'art et les sciences devaient trouver une nouvelle séve. A partir de cette époque le centre de l'activité intellectuelle était déplacé et l'art devait chercher également ce sol vierge pour sa régénération.

L'ancien monde continuait de vivre de souvenirs et de s'agiter dans une imitation impuissante ; le nouveau monde chrétien, purifié de l'esclavage, spiritualisé par une religion à base déiste et plus rationnelle, relevait la femme et perdait en matière et en formes plastiques ce qu'il avait gagné en conception morale et sentimentale. Quand les races de l'ancienne civilisation ont voulu suivre cette tendance nouvelle de l'art chrétien, elles arrivaient aux monstruosités, comme les productions byzantines le prouvent, — elles voyaient alors leur échapper la forme, — sans pouvoir saisir l'esprit. Les idées païennes, remplacées presque dans toute la Germanie par la nouvelle conception chrétienne, restaient pour ainsi dire pétrifiées en Italie et dans l'Orient, où une lente transaction les avait modifiées, mais non pas déracinées. Les peuplades barbares qui successivement avaient envahi la Péninsule, s'étaient laissé absorber peu à peu par la population indigène. La civilisation latine avec ses raffinements, ses innombrables monuments et sculptures, était trop adhérente au sol pour se laisser absorber à son tour par l'élément barbare étranger.

La religion changée en Italie, le sentiment, la conception artistique, le goût et l'habitude d'exécution étaient restés les mêmes. Un nouvel édifice avait été reconstruit avec les anciens matériaux. La forme et le nom du culte avaient changé, mais l'esprit du christianisme y restait longtemps lettre morte, et la foi sensuelle avait gardé tout son empire.

La Germanie, où les Romains n'avaient jamais pu établir leur domination que sur une petite partie et encore seulement pendant un laps de temps relativement court, avait conservé son caractère primitif.

Déjà, l'an X de notre ère, Hermann (Arminius) avait dans les défilés de Teuteburg (Teutoburgiensis saltus) taillé en pièces l'armée de Varus, et par ses victoires répétées contraint les Romains, commandés par Germanicus, d'abandonner définitivement la Germanie. La Gaule, restant romaine jusqu'à l'invasion de 406, avait pourtant gardé assez de son origine pour sentir renaître ses souvenirs à la conquête des Francs et pour se débarrasser encore d'une partie des goûts et des idées antiques. Elle reprenait, pour ainsi dire, l'essence de sa nationalité absorbée par l'élément latin, et retrouvait dans la nation conquérante des idées et des mœurs en rapport avec ses propres idées et son génie.

Quant au nord de l'Europe, retiré de sa barbarie héroïque par les efforts impitoyables et cruels de Charlemagne, il n'avait rien à garder; avec ses chênes druidiques, la hache avait coupé à jamais tout retour aux coutumes primitives. Herta n'avait jamais eu d'autre temple que la verte forêt, et aucune image n'avait encore représenté Walhalla. Aucun édifice ni création d'art ne pouvait rappeler aux futures générations un passé devenu entièrement légendaire. Witikind, en courbant enfin sa vaillante tête pour recevoir le baptême, s'était fait chrétien sans arrière-pensée, et l'art gothique pouvait naître plus tard là ou si peu de vestiges d'autres styles l'empêchaient de se développer. Otto Ier, empereur d'Allemagne en 940, pouvait déjà protéger et encourager de beaux-arts allemands naissants. Lorsque le Nord avait trouvé son architecture, la seule chrétienne[1] (puisque le roman allemand n'était

[1] Saint-Pierre de Rome même n'a rien d'une église chrétienne. L'architecture chrétienne est le gothique. Inventée par la foi, elle impose la foi et le recueillement. L'aspiration et l'inquiétude chrétiennes se trouvent dépaysées sous les colonnades païennes d'un ordre trop régulier et trop positif. Un grand poëte catholique (M. de Lamartine, dans sa *Graziella*, à la page 13), voulant exalter le style italien aux dépens du gothique, commence par dire : « Les architectes des cathédrales gothiques étaient des barbares sublimes. Michel-Ange a seul compris le *catholicisme*, et lui a donné, dans Saint-Pierre, sa plus

que transitoire), lorsqu'il avait construit ses cités et ses églises dans son style à lui, le véritable art chrétien fut créé déjà dans toute son originalité. L'art byzantin, qui lui avait servi d'émule, mais non pas de modèle, se

sublime, sa plus complète expression. » Mais, quelques lignes plus loin, l'évidence force M. de Lamartine à se contredire : « C'est *le temple* le plus abstrait que le génie humain ait construit ici-bas. Quand on y entre, *on ne sait pas si l'on entre dans un temple antique*, » etc.

Si la belle architecture est *de la musique gelée*, c'est certes l'architecture gothique qui est la plus idéale, la plus divine et la moins ennuyeuse.

M. Victor Hugo appelle avec raison l'architecture le grand livre des peuples. C'est bien dans la pierre qu'ils ont gravé l'histoire, avant que Gutenberg leur eût inventé un moyen plus expéditif et moins périssable. C'est par l'architecture qu'il faut juger les gouvernements et les époques. Quand les fragments des palais assyriens et les pyramides du désert indiquent des tyrannies inhumaines, on reconnaît aux temples d'Athènes le gouvernement démocratique d'un peuple artiste; quand les monuments romains rappellent partout le peuple soldat et pratique, au goût royal, le gothique indique la foi et l'indéfinissable de l'idée chrétienne, la force et l'indépendance municipale, ainsi que les régimes théocratiques indépendants. L'architecture de la renaissance affiche la présence d'un gouvernement sans contrôle, où *la mode* de l'art s'impose en maîtresse. Les créations dans le style de Louis XIV portent toutes le cachet de la monarchie absolue, froide et cérémonieuse; celles du style de Louis XV, le stigmate des maîtresses et des petits abbés musqués. Les monuments du premier empire démontrent le mauvais goût d'un gouvernement militaire aux réminiscences romaines.

trouvait dépassé de bien loin. A la prise de Constantinople en 1204, l'Allemagne possédait déjà des œuvres marquantes en orfévrerie, émaillerie, fontes et peintures, et commençait à constituer ses écoles. Les créations de l'art allemand de cette première époque portent déjà toutes un cachet national qui n'est pas méconnaissable. Il y a du reste parenté entre l'art chrétien germanique et l'art chrétien français. Les Celtes aussi bien que les Francs étaient de la grande famille germanique. Le génie indo-germanique avait conservé partout d'ineffaçables traces, même là où l'influence latine avait dominé pendant des siècles. C'est comme si la race indo-germaine était destinée à transmettre l'étincelle divine de la première civilisation de notre monde connu, partout où la destinée l'avait conduite dans ses pérégrinations.

L'art chrétien, si contemplatif, a donc pu fleurir partout où la souche fondamentale était indo-germaine; si l'Angleterre est restée si longtemps en arrière, il faut chercher la cause du retard dans son esprit trop commercial, résultat de la possession de ses énormes colonies. Lorsque les Francs avaient envahi les Gaules, relativement en petit nombre, attirés et soutenus par le clergé qui y trouvait son intérêt dans la spoliation des propriétaires du sol et dans le partage des terres, ces Francs n'apportaient pas, comme les Romains, une civilisation et *un génie* tout différents de ceux des peuples subjugués; au contraire, ils firent plutôt revivre les anciennes coutumes et les idées *celtes* que les vainqueurs latins avaient bien pu refouler, mais non pas extirper. Les mœurs primitives avaient aussi commencé déjà à reparaître lentement sous la race mérovingienne. Lorsque la réaction contre les Carlovingiens éleva Hugues Capet sur le trône, la France, chrétienne depuis si longtemps, était aussi depuis longtemps rentrée dans ses tendances originaires. C'est pour celà que le sol celto-gaulois a pu avoir, comme celui de la Germanie, son art à lui, un art tout chrétien, nouveau et national, quoique quelquefois moins tranché dans son originalité, plus localisé, plus spécial. L'influence étrangère de la domination romaine y avait duré plus longtemps et y avait été répandue plus universellement qu'en Allemagne.

La France a donc eu sa création artistique, chrétienne et nationale, et bien avant le peintre Clouet, né en 1500, elle avait opéré sa Renaissance, ou si l'on veut, sa première manifestation de peinture originale, tout à fait en dehors du courant italien. Les admirables miniatures des douzième et treizième siècles le prouvent. Cet art est, comme je viens de le dire, parent de l'art allemand de la même époque; on n'y rencontre ni l'imitation païenne, ni les laideurs byzantines. L'architecture gothique s'est manifestée également en France aux premières époques de son apparition, puisque *Pierre de Montereau* construisait la Sainte-Chapelle à Paris, en même temps que Köln (Cologne) commençait sa gigantesque cathédrale (1248).

Je ne puis m'occuper dans ce travail que de l'art allemand; mais l'écrivain qui descendrait dans les riches mines de l'art français de ces deux siècles pourrait y puiser de grands trésors, et rectifier des préventions, des injustices et des erreurs dont l'histoire de l'art fourmille encore.

L'art chrétien des Latins n'était qu'une continuation de l'art païen modifié par l'influence byzantine, par conséquent sans originalité ni sentiment nouveau. L'art nouveau, l'art chrétien, ne pouvait naître qu'au milieu d'une société entièrement nouvelle, c'est-à-dire d'une société où son esprit avait servi de base à sa formation et de fondement à ses institutions. Les continuateurs de l'art païen, les Italiens, n'ont pu vivre que d'imitation et de pastiches; le savoir-faire leur devait tenir lieu de conception, et l'accommodement devait remplacer l'invention. Ils n'ont pas eu d'œuvres gothiques, et leur Renaissance pourtant n'aurait pas pu se produire sans ce gothique emprunté aux Germains et qui devait modifier chez eux le goût exclusivement antique. C'est même un Allemand, l'empereur Rodolphe Ier de Habsburg, qui vers 1273 a donné la première impulsion aux beaux-arts en Italie. A partir de Léonard de Vinci jusqu'au Tintoret, l'époque la plus vantée de la Renaissance italienne, malgré leurs beaux tableaux sous le rapport de la couleur, malgré la foi aveugle et superstitieuse des artistes, la renaissance n'était chez eux qu'une modification de l'art païen. Les grands artistes de cette époque, aussi bien que leurs prédécesseurs [1] et leurs successeurs, n'ont pu sortir de la voie antique.

Le christianisme avait bien modifié chez eux la *surface* de l'ordre social, mais non pas le fond; et ce fond avait gardé ses goûts, ses habitudes et ses prédilections mythologiques. L'Italie chrétienne était encore trop pénétrée, aux premières époques, de la sentence d'Épicure : *Ede, bibe, laudate, post mortem nulla voluptas*, ou « Aimez, buvez, chantez fort, rien n'existe après la mort, » pour pouvoir saisir ni l'esprit ni le génie du christianisme; elle restait païenne même jusque dans ses épopées chrétiennes. Les saintes Vierges italiennes, malgré leur coloris souvent délicieux, malgré leurs formes ravissantes et servilement vraies, n'ont jamais pu représenter autre chose que de belles femmes mondaines.

La Vierge germaine seule personnifie la mère du Rédempteur. L'expression de la douleur chrétienne d'une mère divinisée et idéalisée n'a jamais pu être comprise et saisie par l'artiste italien. La Vierge italienne est aussi fausse dans la splendeur de sa beauté charnelle, que la Madone sévère et sèche des Byzantins, l'affreuse Panagia, l'est dans sa laideur [2]; la ravissante

[1] A l'exception des peintres de l'époque carolienne (neuvième siècle), qui dans leurs tendances byzantines ont seuls su saisir l'idée chrétienne.

[2] La peinture russe, s'il y a une peinture russe, dérive directement des maîtres des Christs et Vierges décharnés.

Il paraît démontré que certaines branches de la race *slave*

Vierge espagnole de Murillo même, inondée de lumière et plongée dans des clairs-obscurs transparents et féeriques, ne peut pas atteindre l'idéal chrétien. Le Christ des maîtres allemands est bien l'Homme-Dieu du nou-

sont inférieures aux autres races humaines dans les arts et dans les sciences, puisque ni les uns ni les autres n'ont jamais pu prendre racine chez elles.

La Pologne en fournit un exemple. Marquant déjà parmi les nations de l'Europe dès le commencement du christianisme, elle a conservé à travers tous les siècles sa nullité artistique, scientifique et littéraire, quoique sa jeunesse noble ait fréquenté toutes les universités et toutes les académies de l'Europe. L'esprit *libéral* n'a jamais pu franchir non plus ses frontières. Cette aristocratie, qui fait faire tant de tirades sur la liberté polonaise dans les journaux de l'étranger, exerce la plus grande tyrannie dans ses domaines. Du reste, il n'y a jamais eu véritablement de nation en Pologne.

Le tiers état et les libertés et garanties individuelles ont été *imposés* seulement par la Prusse à sa province posniaque. Dans tout le reste, c'est encore aujourd'hui la volonté du *noble* qui gouverne et règne. Une aristocratie fière et hautaine envers ses subordonnés, et souple envers ses dominateurs, n'a de la vraie civilisation que le vernis. Régnant en petits et innombrables tyrans (car cette noblesse est rarement riche) sur la masse des misérables paysans, dont l'existence est partagée entre les corvées, la superstition et l'ivrognerie, ils appellent liberté et indépendance nationale la perpétration éternelle de cet état de choses. L'opinion publique a été dupée trop longtemps par ces singuliers *démocrates*. Il est temps que le jour se fasse et que l'Europe comprenne que la *liberté*, dans la bouche des agitateurs nobles en Pologne, veut dire : « *Liberté absolue d'être le maître sur ses serfs.* »

veau pacte. « C'est aussi une idée nouvelle, » comme dit si bien M. Laurent Pichat, « introduite dans l'art par la doctrine chrétienne, c'est l'idée de la mort qui éveille l'idée de résurrection : l'œil est fermé, mais n'est pas plongé dans le néant. » « Un crucifiement, » dit Joubert, « devrait à la fois représenter la mort d'un homme et la vie d'un Dieu. »

Les aspirations nouvelles d'un monde en convulsion et à la recherche de ses individualités, l'expression des sentiments jusque-là inconnue, de la solidarité et de l'abnégation, de l'humilité dans la liberté et de la foi dans le perfectionnement et dans la recherche de la vérité : voilà ce que les peintres allemands ont su exprimer, sans se laisser absorber exclusivement par la couleur et sans rechercher l'enjolivement.

La création de l'idéal chrétien demandait l'originalité adhérente à une race nouvelle dans l'art, originalité dont l'Italien, élevé dans l'imitation de l'antique, était incapable. La rêverie et la contemplation de la race indo-germaine était aussi plus favorable à la conception évangélique. « Le paganisme avait donné à ses dieux « des formes humaines, » dit ailleurs M. Pichat ; « le « christianisme a donné à son Dieu l'intelligence de « l'homme [1]. »

L'Italie, catholique de forme, était restée entièrement adonnée aux sentiments mythologiques : son culte était et est encore la *forme*.

[1] *L'Art et les Artistes en France*, par Laurent Pichat. Paris, Dubuisson. 1861.

L'essence spirituelle, l'idéal, la pensée dominant la chair, l'immatérialisme de l'exécution, pour ainsi dire, l'Italien ne l'a jamais pu comprendre; son œuvre est la couleur et la chair. Étudiant la partie routinière et mécanique de l'art dans tous ses détails, il possède tous les moyens d'exécution qui frappent et éblouissent l'œil du vulgaire; mais, s'il réussit à mettre dans ses têtes de la passion, il n'y a ni idéal, ni pensée profonde. Dans ses tableaux historiques, il y a toujours des anachronismes et l'absence d'une conception suivie et longuement mûrie, d'une composition motivée par des études préparatoires sérieuses. Quand le tableau historique allemand dénote jusqu'aux moindres détails l'artiste instruit, le tableau italien choque par l'ignorauce scientifique qui perce! L'artiste y entremêlait continuellement, même jusqu'à l'époque raphaélienne et au delà de la décadence, l'histoire biblique avec la mythologie. Les peintures de la faïence italienne sont particulièrement pleines de ces singuliers écarts de bon sens où ni costumes, ni chronologie ne sont respectés. J'ai vu encore tout dernièrement une magnifique peinture de bataille sur un plat, appartenant à M. O. Penguilly l'Haridon, le conservateur du musée d'artillerie, à Paris, où le soleil est représenté par Apollon sur un char, pendant que Josué prie Dieu de lui arrêter le soleil, et on y lit en mauvais italien et mal écrit : *Josue Comti preghe se, Jermare el sole.* Josué prie Dieu d'arrêter le soleil. Dans tous les musées on rencontre de ces tableaux italiens remplis d'anachronismes, ils prouvent que les artistes étaient de peu d'instruction et sans logique, et que le pays confondait toujours encore dans ses goûts les deux religions.

La peinture italienne, pareille à sa sculpture et à sa musique, est agréable, facile et accessible à tous; mais il n'y a ni caractère, ni originalité, ni variété. C'est Verdi vis-à-vis de Beethowen et de Wagner, c'est l'Arioste et le Dante, toujours imitation antique, à côté des œuvres de Shakspeare et de Gœthe, créations originales et sans précédents.

Le peintre italien est un réaliste habile, il sait pallier l'absence de l'idéal et de l'instruction par une palette séduisante; mais il ne séduit avec cela que les organisations sanguines; — l'homme penseur et d'une éducation esthétique ne s'y prend pas!

La Renaissance de l'art allemand, ou plutôt sa *première grande manifestation*, pouvait éclore ou se produire sous des auspices favorables. Les villes libres et indépendantes, où un grand nombre d'opulentes familles patriciennes rivalisaient entre elles d'une noble ardeur pour les arts, permettaient aux artistes de vivre honorés et *indépendants*. Chacun y pouvait suivre son inspiration et donner carrière à son originalité, sans devoir subir un même goût imposé d'autorité[1], de sorte que la grande

[1] L'Italie aussi doit son grand développement artistique à ses nombreux centres, indépendants les uns des autres; la Hollande doit le sien à ses provinces indépendantes. La centralisation est le tombeau de l'art. La variété et l'originalité doivent se perdre là où une seule direction ou une seule influence règnent.

variété des productions est une des qualités caractéristiques de cette époque. C'était aussi la liberté indépendante de ces cités qui avait permis, sous le mystère et avec des formules d'initiés, la formation de l'association des maîtres architectes allemands, aujourd'hui appelée franc-maçonnerie, étendue ensuite à tous les maîtres chrétiens, institution qui devait porter à un si haut degré le perfectionnement du gothique. La cathédrale de Köln (Cologne) fut commencée ainsi, comme j'ai déjà dit, dès 1248, en même temps que la Sainte-Chapelle à Paris, par Pierre de Montereau; en 1277, l'Allemand Ervin de Steinbach construisait celle de Strasbourg, mais ces églises n'étaient pas les premières œuvres gothiques allemandes. Il faut remonter bien plus haut pour rencontrer les premiers essais.

Dès 1050, les minnesingers y chantaient déjà la poésie lyrique et épique à la fois. Le fameux Heinrich von Waldek vivait vers 1180, et le chant des *Nibelungen*, du minnesinger Heinrich d'Ostendingen, de 1250, est une des plus célèbres épopées de ces trouvères allemands. Les troubadours de la Provence, chantant aux mêmes époques la poésie *lyrique* dans la langue *d'oc*, et les trouvères du Nord la poésie *épique* dans la langue *d'oïl*, prouvent que les Francs n'avaient pas oublié leur origine, et que l'ancienne Gaule s'était débarrassée de la plupart des mœurs latines.

Le quatorzième siècle et le quinzième avaient déjà donné toute une pléiade de grands artistes, et les écoles se succédaient régulièrement. Il est démontré aujourd'hui qu'Albrecht Dürer n'a pas été le créateur de l'école allemande, comme on l'avait cru pendant assez longtemps.— La formation de l'école allemande de peinture date de bien plus loin, et elle n'a pas eu un seul chef, mais beaucoup d'écoles locales étaient écloses à la fois sur différents points.

Après le martyre de Huss en 1415 et l'invention de l'imprimerie en 1450, Luther[1], entouré d'écoles ardentes, désireuses de conquérir la liberté de conscience, avait pu, vers 1517, commencer la grande œuvre de la Réforme, qui devait régénérer le monde et donner la liberté religieuse et politique à l'Europe, en préparant la voie à la Révolution française, dont la réformation était la condition absolue.

[1] Un curieux échantillon de l'impartialité de rédaction de livres qui pourtant doivent servir à l'instruction, se rencontre dans le *Dictionnaire universel d'histoire et de géographie*, par Bouillet, 1861, où on lit : « Luther, *chef de secte*, » et plus loin : « Le pape Léon X, ayant publié des indulgences et ayant chargé les Dominicains de les répandre en Allemagne, *les Augustins furent jaloux de ce choix, et Luther, qu'ils prirent pour organe, en vint à attaquer le dogme même*, » etc. En voilà de l'histoire! C'est ainsi qu'on instruit la jeunesse! Quant aux reproches que l'on fait à Luther sur la violence, et quelquefois sur la trivialité de son langage, on doit répondre que ce grand réformateur était avant tout un homme d'action, qu'il était convaincu de la justesse de sa cause, qu'il parlait au commencement du seizième siècle et à des masses sans instruction, et qu'il devait se mettre à la portée de son auditoire et de son époque. Le siècle de Luther était le siècle de Rabelais! Ils étaient nés tous les deux en 1483.

Si cette révolution a amené des excès, ils ne sont nullement le fait des doctrines de la Réformation. Ces terribles excès ne découlent pas d'elle, mais de la ridicule doctrine de l'*égalité* (je ne parle pas ici de l'égalité devant la loi, qui est une partie inhérente de la liberté même), doctrine si facilement infiltrée dans une population dont l'instruction avait été méthodiquement arrêtée depuis des siècles. C'est cette doctrine absurde qui a empêché l'établissement de la liberté en France et qui a créé la haine de la blouse contre l'habit, développé les appétits des paresseux et le mépris des droits et de la propriété; de l'indépendance et de la liberté individuelle. Qui voudrait habiter un pays où la brute qui repousse l'instruction par paresse, serait l'égale de l'homme intelligent et travailleur? Une telle société amènerait forcément l'anéantissement des ambitions généreuses et par suite de tout art et de toute science. Ce serait l'égalité dans la misère, dans l'ennui et dans l'abrutissement.

Cette réformation a certes exercé une grande et salutaire influence sur l'art, quoique la routine et les adversaires de la Réforme prétendent soutenir le contraire, affirmant que le culte catholique réformé a nui au développement de l'art.

C'est pourtant à partir de la Réforme que la critique artistique existe seulement, et que l'Allemagne a produit le plus grand nombre d'œuvres qui font encore aujourd'hui sa gloire. En 1530 déjà, la municipalité de Nürnberg avait signé, au nom de toute la population, l'adhésion à la confession d'Augsburg, et Albrecht Dürer, le chef de l'école de peinture de Nürnberg, n'avait que quarante ans (né en 1470), dix ans de plus que Luther, lorsque ce dernier attaqua le dogme des indulgences et publia ses quatre-vingt-quinze propositions. La manifestation de l'art en Hollande aussi ne date que d'après la Réformation [1].

[1] Quand M. Viardot dit dans son ouvrage : *Comment faut-il encourager les arts : « Né avec l'indépendance nationale, l'art hollandais a péri avec la liberté intérieure, »* il me paraît confondre les causes.

Lorsque les Pays-Bas abandonnèrent à l'Union d'Utrecht, en 1579, le gouvernement oligarchique de leurs patriciens pour se donner des stathouders, qui devinrent, après que la république eût été *constituée*, en 1648, et abandonnée lors des désastres de la triple alliance, stathouders héréditaires en 1674, et rois seulement en 1813, puisqu'à la mort de Guillaume III le stathoudérat fut de nouveau aboli, en 1702, pour n'être rétabli qu'en 1747, les états généraux, ainsi que les états provinciaux, continuèrent à diriger les affaires des sept provinces comme dans le passé, et la liberté individuelle se trouvait même garantie davantage. Si l'importance maritime de la Hollande a baissé plus tard, il faut l'attribuer aux changements politiques de l'Europe, où les puissances de second ordre devaient forcément perdre beaucoup de leur influence. La Hollande, petit pays d'environ trois millions d'habitants, ne pouvait pas soutenir à la longue une rivalité avec l'Angleterre. L'affaiblissement ou la presque disparition de l'art hollandais ne date donc pas du stathoudérat. Il ne provenait pas non plus d'un manque de liberté ni d'indépendance. Il provient, comme partout, de la maudite centralisation latine, centralisation qui a anéanti, là comme ailleurs, l'individualité et la variété des conceptions.

En France même, les premiers grands artistes de la Renaissance étaient presque tous protestants : d'abord le célèbre sculpteur Jean Goujon, né en 1515, et mort assassiné à la Saint-Barthélemy, le 24 août 1572 ; Germain Pilon, son élève; le non moins célèbre peintre Jean Cousin, surnommé le Michel-Ange français, auteur de deux ouvrages sur la perspective et la *pourtraicture*, né en 1500, mort en 1590 ; Clément Marot, architecte et poëte, né en 1495 et mort dans l'exil en 1544 ; Androuet du Cerceau, célèbre architecte et auteur du *Livre d'architecture*, 1550 et 1561, ainsi que des *Leçons de perspective*, 1576 ; le premier grand céramiste français, Bernard de Palissy, né en 1510, mort à la Bastille sous Henri II; auteur de plusieurs remarquables ouvrages sur son art et sur la géologie. C'est lui qui répondait à ce roi pusillanime, qui était allé le voir pour obtenir sa conversion, sous peine de mort, en lui disant : « Je suis contraint : » — « Et moi, sire, je sais mourir. » C'est cette mort que le curieux catalogue de Cluny appelle « une mort au milieu des honneurs. » Il y aurait encore beaucoup à citer; la liste en serait trop longue!

L'art chrétien se distingue particulièrement de l'art païen par la grande part que l'étude et la connaissance des sciences ainsi qu'un raisonnement critique y prennent. Ce n'est plus seulement la forme et la couleur, ni l'imitation servile de la nature. Ce nouvel art demande l'aspiration de l'âme vers l'idéal, la connaissance des caractères et mobiles des hommes, recherchés sans préjugé et sans partialité, des *études* complètes enfin. Jean Goujon l'avait compris; il disait : « Tous les hommes qui n'ont point étudié les sciences ne peuvent faire œuvres dont ils puissent acquérir guère grande louange, si ce n'est par quelque ignorant ou personnage trop facile à contenter. » Le catholicisme du Moyen Age, avec son ignorance et sa foi aveugle et intolérante, pouvait-il donner ces sciences ?

L'individualité, malgré l'abolition de l'esclavage par le règne de l'Évangile, n'était pas encore créée et ne pouvait pas naître sans la Réforme. Rien ne contribue plus à former des caractères forts et originaux et par suite des artistes de génie qu'un vigoureux développement individuel. Les conservatoires, et les institutions organisées de nos jours même, ne peuvent former que de petits talents et de petits artistes.

Il faut que l'artiste s'appartienne entièrement, sa raison doit avoir la liberté et l'habitude d'examiner *tout*. Le catholicisme orthodoxe du Moyen Age ne permettait rien de tout cela et *nuisait* donc ainsi à l'art par l'obstacle qu'il portait à l'instruction des masses.

L'abus de la puissance des papes de cette époque, sortant de son attribution spirituelle, qui, humiliant souvent les plus grands et les meilleurs princes, ne souffrait plus rien ni au-dessus ni à côté d'elle, puissance exercée proportionnellement par tous les membres de la hiérarchie cléricale, jusqu'au plus humble desservant, avait tellement intimidé et enlacé l'homme, que la société chrétienne ne formait plus qu'une grande agglomération, ramenée aux mêmes conditions que l'ancien monde païen; seulement, à la place d'un empereur, c'était un pape qui disposait de la toute-puissance, devenue d'autant plus lourde et intolérable qu'elle pesait aussi sur les *consciences.*

La séve des nations s'écoulait depuis des siècles par tous les pores de l'arbre social, qui fut saigné continuellement par des armées de trésoriers du saint-siége. Toutes les richesses affluaient vers Rome et permettaient à la seule ville éternelle de continuer ses créations d'art païen, quand partout ailleurs le mouvement artistique se trouvait arrêté par la misère des populations et par le développement systématique de l'ignorance.

La foi sincère d'une part, et l'orgueil et la rivalité de quelques évêques d'autre part, poussaient cependant aux constructions des églises, souvent œuvres des privations de générations entières, et aux confections d'ornement du culte. C'était de cela que l'art devait vivre presque exclusivement en Allemagne jusqu'à la Réforme.

L'état artistique dans ce pays démontre du reste aujourd'hui suffisamment que le protestantisme est aussi favorable à la vie de l'art qu'à celle des sciences. Quand Berlin, la ville protestante et la capitale d'un pays protestant, est appelée dans tout le Nord la métropole de l'intelligence et de l'art, Wien (Vienne) la catholique, son aînée, s'embourbe dans le concordat et cherche sa science et son art dans les entrechats des danseuses du corps de ballet. Il est vrai que München (Munich), nommée l'Athènes allemande, peut dignement rivaliser avec Berlin, mais c'est particulièrement grâce à l'impulsion de ses rois, qui ont mieux aimé doter le pays d'institutions et de créations artistiques que de s'occuper exclusivement de bombes et d'uniformes. Certaines parties de la population en Bavière sont peu pénétrées du goût et de l'amour artistiques. Nürnberg ne fait cependant pas partie de ces populations-là. Depuis cent cinquante ans, la population de Berlin a décuplé, et ses créations d'art ont marché en proportion. Dans aucune ville du continent pareil phénomène de croissance ne s'est manifesté. C'est aux sciences et aux arts, et à leur fille l'industrie que Berlin le doit, c'est à la liberté de la pensée et de la conscience qu'elle en est aussi redevable. Les constructions et sculptures y portent toutes le cachet d'une bonne et rigoureuse critique, d'une presse entièrement libre et d'un parfait sentiment du beau. Les décorations des salles de ses musées sont uniques dans le monde entier; rien n'y a été fait à la hâte et dans le but de *vouloir éblouir les masses*. Le grand artiste comme le savant s'y trouvent attirés par une atmosphère d'esthétique, absente presque partout ailleurs. Voilà ce que l'influence de la liberté religieuse a produit! Stuttgart, où règne un roi que l'histoire inscrira sur ses pages parmi les meilleurs pères des peuples, parmi les fidèles exécuteurs des lois, a été créé presque de rien en peu d'années. Le voyageur est tout étonné de trouver dans un si petit espace un si grand nombre de monuments remarquables. — Voilà encore ce qu'un roi protestant a pu faire!

De toutes les villes d'art allemand ancien, c'est encore la ville protestante, Nürnberg[1], a qui appartient la place d'honneur. Nürnberg dépassait les autres pour le nombre de ses artistes[2] et pour la grande variété de ses productions d'art. Peinture, sculpture, fontes, orfévrerie, poterie, etc., tout s'y trouve représenté par des artistes et des œuvres de premier ordre. Le goût de l'art avait tellement pénétré les masses, que plus tard, à partir du milieu du seizième jusqu'à la fin du dix-septième siècle, le jouet d'enfant même s'y fabriquait artistiquement, puisque la puissante corporation des fameux *peintres de Wismuth* (bismuth) avait pu se

[1] Nürnberg reconnue ville libre ou *immédiate* en 1273, après l'extinction des Hohenstaufen, par Rudolf de Habsburg (quand Augsburg l'était dès 1268), on trouve dans ses archives de 1356 déjà de grandes dépenses pour les achats de poudre à canon et l'artillerie, et de 1380, pour le pavage de ses rues. La population se montait, en 1550, à 150,000 âmes, chiffre énorme, eu égard au temps et au grand morcellement de l'Allemagne. Elle était regardée comme si puissante, que l'empereur Sigismond lui confia déjà, en 1424, la garde des joyaux de l'empire. Elle a été mise à sac par l'inhumain Tilly dans la guerre de Trente ans. Cet homme, le bourreau de Magdeburg et de Nürnberg, a *sa statue* érigée à München (Munich), *la capitale de cette Bavière* dont Nürnberg fait partie actuellement!

[2] La publication de Neudorfer, de 1545, contient les biographies de 140 artistes célèbres qui ont illustré Nürnberg à partir de 1450.

constituer. Les boîtes et objets de tabletterie, décorés de figures en costumes de l'époque par ces peintres, prouvent jusqu'à quel point le sentiment artistique s'était élevé en répandant l'art jusque sur des objets aussi futiles [1]. La poterie d'étain, ces belles buires, plats et assiettes, ornés de reliefs historiques, bien ciselés, du célèbre ciseleur *Martin Harszer* ou *Harscher* [2], né en 1435 et mort en 1523, dont le musée de Cluny possède deux exemplaires, les n°s 1344 et 1347, peuvent également donner une idée du bon goût des ustensiles de ménage.

L'invention de la sculpture des figurines en os ou ivoire, où les vêtements sont formés de bois, n'est pas non plus italienne, comme on le croit. *Wilhelm Troger de Haidhausen*, un simple berger, en est l'inventeur. Ses sculptures lui ont laissé un nom dans les arts. Beaucoup d'ouvrages ont été imités d'après les siens, mais aucun n'égale les belles créations de meister Troger. Les collections royales réunies de München possèdent un certain nombre de ses œuvres; les plus remarquables sont les n°s 430 et 431, deux groupes admirables, l'un représentant Silène sur un char entouré de bacchantes et d'enfants, l'autre l'Enlèvement de Proserpine. Dans

[1] Au musée de Cluny se trouve une de ces boîtes, écritoire, sous le n° 1825. Plusieurs autres dans ma collection.

[2] De son émule, le sculpteur français François Briot, il y a aussi deux exemplaires à Cluny, les n°s 1364 et 1365. La céroplastique était cultivée à Nürnberg par Lauwrenz Strauch, Wenceslas Muller et Christian Mahler.

ces mêmes collections on peut aussi admirer plusieurs sculptures en ivoire de *Oelhafen, sculpteur de l'électeur palatin Jean*, toutes d'une grande beauté. — Ce sont le Sacrifice d'Iphigénie, l'Enlèvement de Proserpine, deux batailles de cavalerie romaine, deux grands reliefs, — Scipio et Diane et Calisto, l'Éducation de Bacchus et le Jugement de Pâris [1].

L'autel en bois ciselé de meister *Georg Bockschütz de Tolz*, de l'année 1541 ; le relief, également en bois, de *Balthasar Ableitner de München*, ainsi que les ouvrages d'une très-grande valeur artistique du célèbre médailleur *Hagenauer*, du seizième siècle, tous dans le goût de Dürer et de Hans Holbein, brillent par leur exécution. Les églises gothiques de Nürnberg, Saint-Laurent, avec la belle façade du Jugement dernier, Notre-Dame et Saint-Sebald, avec ses tours de 264 pieds de hauteur, sont des œuvres architecturales allemandes du dixième siècle au quartorzième, de la plus haute importance.

Les Nürnbergeois *Peter Vischer le fondeur*, *Adam Kraft le sculpteur* et *Veit Stoss le ciseleur sur bois*, sont trop connus par leurs œuvres immortelles pour que je puisse me dispenser d'en parler plus amplement ici [2]. *Sebald Schreyer* doit être mentionné comme un

[1] Tous ces beaux ivoires ont été reproduits tout récemment par la photographie. La reproduction a eu lieu sous la surveillance du conservateur, M. de Hefner-Alteneck. Madame Ve Renouard, à Paris, en a accepté le dépôt pour la France.

[2] Je veux citer seulement quelques-unes des ivoires les plus mar-

des plus nobles protecteurs de l'art. Ce patricien fut la cause de l'érection du célèbre monument, tombeau de saint Sebald.

quantes. D'Adam Kraft, ce sont le sanctuaire de l'église Saint-Laurent de Nürnberg, en forme de tourelle pyramidale gothique, de 64 pieds de hauteur, reposant sur trois figures agenouillées, celles du maître et de ses deux compagnons; malgré les statuettes, la crosse fine recourbée qui couronne le monument et les mille autres détails d'une exécution incroyable, le tout est en pierre de taille. Une épitaphe de la famille Pergensterfer, une Reine du ciel, à l'église de Notre-Dame et à l'église de Saint-Sebald, le monument Schreyer, une Mise au tombeau ainsi qu'un Portement de croix, un Saint George, nº 599, Therésienstrusse, dans la maison Baumgartner; des reliefs à l'église de Notre-Dame, etc. Ses Stations, longeant la route du cimetière, œuvre médiocre, furent exécutées à la hâte, à la commande de Martin Kutzel, qui, pendant ses pèlerinages en Palestine en 1477 et 1488, avait mesuré le chemin de Golgotha jusqu'à la maison de Pilate. De retour, il fit placer ces Stations entre le cimetière Saint-Jean (cimetière qui renferme 3,500 tombeaux de patriciens, avec épitaphes), et sa maison qu'il avait fait construire à la même distance du cimetière que celui qui séparait la maison de Pilate de Golgotha. C'est ce chemin de la croix qui a été imité ainsi depuis dans d'autres villes.

Le chef-d'œuvre de Peter Vischer est son tombeau de saint Sebald. Il faut admirer avant tout les douze apôtres dans les niches. Les douze plus petites figures des Pères de l'Église et des prophètes, les soixante-dix représentations fantastiques de sphinx, génies, animaux, néréides, etc., et les bas-reliefs représentant les miracles du saint. Au milieu de la partie haute, Vischer à placé l'enfant Jésus. Dans une niche en bas, on voit aussi la belle statuette du maître avec tablier et ciseau.

C'est dans cette même église que se trouvent trois belles créa-

Moins connu est *Johann Neudörfer de Nürnberg*, mort vers 1550 ; le premier et le plus grand artiste calligraphe auquel on doit la révolution que l'art d'écrire a éprouvée. On admire encore aujourd'hui sa belle écriture rénovatrice. Neudörfer, ami intime de Dürer, était le créateur des beaux types d'impression qui avaient remplacé les premières lettres, lourdes et informes, imitées d'abord de celles des moines. Deux autres Allemands, *Arnold Pannarz* et *Conrad Scyweinheim*, avaient formé à Rome les premiers imprimeurs *à l'antique*, c'est-à-dire aux caractères latins de nos jours; *Aldus Manutius* y ajoutait à Venise la *cursive*, c'est-à-dire l'*antiqua couchée*. Neudörfer dessina sa belle *Fracture* que *Hironimus Rösch*, mort en 1556, a sculptée[1].

Anton Koberger, l'imprimeur artiste, mort en 1513, chef de cette grande et célèbre famille d'imprimeurs

tions de Veit Stoss : un crucifix et les figures de la Vierge et de saint Jean. La construction de cette église de Saint-Sebald a été commencée déjà en 1100. Elle est remplie de richesses artistiques de toutes sortes. Les statuettes en plâtre et en plastique du moine qui pleure et du moine qui rit, si répandues et si aimées en France par les artistes, sont des reproductions d'après des statuettes de Saint-Sebald. C'est particulièrement le moine qui se cache la face et *dont il faut deviner* seulement la douleur, qui produit une profonde impression de tristesse. Cette œuvre prouve combien un grand artiste peut obtenir d'effet avec peu de mise en scène.

[1] Préface du docteur Frédéric Campe aux biographies d'Andreas Gulden de 1660.

qui a plus tard répandu ses ateliers sur tous les points de l'Europe, occupait à lui seul, à la fin du quinzième siècle, vingt-quatre presses à Nürnberg et plus de cent ouvriers. Sa seconde grande imprimerie était à Lyon. Son digne rival, *Johannes Petrejus*, avait imprimé le *Corpus Juris*. *Hans Sachs*, le cordonnier-poëte nürnbergeois, né en 1495 et mort en 1576, avec ses 36 in-folio et ses 6,243 tragédies, comédies et lieders, était bien la vraie personnification de la poésie populaire de cette grande époque. *Johann Muller*, dit *Regiomontanus*, né en 1434 à Kœnigsberg en Franconie, mort en 1474, célèbre astronome, y fonda aussi une imprimerie considérable vers 1470.

Le barbier-poëte *Hans Folz* était le digne rival de Sachs, et *Grubel*, un autre poëte populaire, a également laissé un nom. *Melchior Rinzing*, poëte du seizième siècle, composa en 1517 le *Theuerdanck*.

Georg Heuss était le célèbre horloger de l'horloge de Notre-Dame, à Nürnberg, terminée en 1509, et connu sous le nom de Männleinlaufen (cours d'hommes), à cause des figures des sept électeurs qui faisaient juste à midi et à minuit la ronde autour de l'empereur Charles IV.

Rudolf inventa en 1440 le tirage du fil. *Erhard Ezlaub*, astronome et cosmographe, fabriquait les compas (mis en usage en Europe par Flavio Gioja).

Sebastian Lindenast, mort en 1520, connu pour ses ouvrages en cuivre repoussé, était l'auteur de la fameuse horloge de l'empereur Charles IV, terminée en 1462.

Sebald Behaim, qui fondait déjà en 1505 des canons d'un poids de 100 quintaux (5,000 kilog.); ainsi que :

Christophe Roszenhardt, le fondeur de la grande cloche de Saint-Laurent à Nürnberg, cloche dont le battant seul pèse 250 kilog. et sur laquelle on lit ces vers allemands :

Hanns Sumbser, und Sturmglocken heisz ich,
Christoff Glockengieszer zu Nürnberg gosz mich,
Zu Aufruhr und Krieg gehör ich,
Wo und wan es brennt dassagich,
Der Geldhabenden Tod clag ich.

Hans Bourdon et cloche d'alarme je m'appelle
Christophe le fondeur à Nürnberg me coula,
Rébellion et guerre je dénonce,
Incendie et feu j'indique,
Avec un battant de cinq quintaux je me frappe,
Et la mort *de ceux qui ont de l'argent* je plains !

Vers qui apprennent dans leur naïve vérité aux pessimistes de nos jours que l'argent a joué son rôle en tout temps. *Andreas Pegnitzer*, père et fils, fondeurs de canons, morts en 1515, par l'explosion du Lion, pièce monstre, essayée à la porte de Vestner, qui occasionna la mort de plus de cinquante personnes. On voyait de ces fondeurs une pièce superbe dans l'arsenal, très-ornementée et d'une exécution artistique de forme et de fonte, sur laquelle on lisait les rimes suivantes :

Als man zehlt fünfzehen hundert und zwölf Jahren,
Leonhart Grundherr, Conrad im Hof, Zeugherren waren,
Bin ich durch Endres Pegnitzer gossen worn,
Auf angeben Materns von Strasburg auserkohren,
Mein Nam ist ein Rothschlang genand
Der von Nürnberg Feind thue ich Widerstand.

Lorsqu'on compte quinze cent douze ans,
Léonard Grundherr, Conrad im Hof étaient maîtres à l'arsenal,
J'ai été fondue par Endres Pegnitzer,
Choisi à la recommandation de Mater de Strasbourg,
Mon nom est Serpent rouge,
Contre l'ennemi de Nürnberg je résiste.

Sübenburger, *Wilhelm von Worms* et *Cunz Lochner* étaient les armuriers de Charles-Quint.

Hanns Bullman est l'auteur de la *Theoria Planetarium* (qu'il faisait marcher par des poids de 80 kilog.), ainsi que d'un grand nombre d'ouvrages mécaniques parmi lesquels ses automates avaient bonne réputation. *Caspar Werner*, connu sous la dénomination de l'*artiste de l'Empereur* (Kaiserskünstler), a fait des automates tellement surprenants, qu'en Espagne il aurait été certainement brûlé vif comme sorcier.

Wurzelbauer, le sculpteur-fondeur, était l'auteur de la fontaine en fonte de fer, exécutée à Nürnberg en 1589. Elle a la forme d'une colonne, entourée de douze figures. Six femmes aux allégories, et six enfants aux armoiries. Le dessin est dans le style de Goltzius. *Heinrich Aldegrever*, peintre et graveur, élève de Dürer, né en 1502, a laissé des œuvres remarquables.

Les frères *Sebald* et *Rupprecht Schonhover* (vers 1360). Grands artistes sculpteurs, tous les deux ont construit l'église de Notre-Dame, de 1355 à 1361, et l'un, Sebald, a sculpté la magnifique façade de cette église. Ces deux frères sont aussi les auteurs de la *Belle Fontaine*, de 60 pieds de hauteur, avec vingt-quatre belles figures, qui représentent les électeurs de Mainz (Maïence), de Trier (Trève), de Köln (Cologne), de Bohême, de Brandenburg et de Saxe, Gotfried de Bouillon, Klodwig de France, Charlemagne, Judas, Machabée, David, Jules César, Alexandre, Hector, Moïse et les sept prophètes. Richement doré et peint, à l'origine, ce beau monument tombait en ruines, lorsqu'il a été restauré d'après les dessins de Reindel, en 1822, avec beaucoup d'art et de respect des maîtres.

Labenwolf, élève de Vischer, l'artiste fondeur du *Gänsemännchen*, fontaine à Nürnberg, qui représente un campagnard portant une oie.

Les frères *Wentzel* et *Albrecht Jannitzer* (Wentzel, né en 1508) étaient deux des plus célèbres artistes orfévres et bijoutiers de l'époque. Renommés dans toute l'Europe pour les fleurs et animaux en or et en argent émaillés, ils ont laissé une grande fortune et des œuvres nombreuses, que se disputent aujourd'hui les musées. Il faut citer encore *Peter Flotner*, sculpteur et ciseleur, mort en 1546, renommé pour le grand nombre de sculptures de figurines en corail, nacre, ivoire et stéatite.

Johann Teschler, célèbre sculpteur de statues et de

bustes en marbre. Artiste favori de l'archiduc Maximilien, prince qui l'amena à la diète de l'empire, où ce sculpteur exécuta nombre de bustes de grands seigneurs. Ayant voyagé plus tard pendant deux années en Italie, il est mort à Nürnberg en 1545.

Christoph Maurer, le célèbre peintre de vitraux, travaillait d'après les dessins de *Tobias Stimmer* et de *Daniel Lindmayer* vers 1570, ainsi que *Kremberger*, qui peignit quelques vitraux à Saint-Sebald. On pourrait en citer encore beaucoup, si le cadre de cet ouvrage le permettait.

A côté de Nürnberg, Augsburg brille d'un grand éclat. Cette ville, une des plus anciennes d'Allemagne, a vu quatre de ses filles patriciennes et plébéiennes monter sur le trône. Clara von Detten épousa l'électeur palatin Frédéric, surnommé le Vainqueur; Agnès Bernauer, le duc de Bavière, Albrecht III; Philippine Welser, l'archiduc Ferdinand d'Autriche. Devenue déjà ville libre ou *immédiate* dès 1268, son immense commerce envoyait ses flottes dans les Indes et régna pendant quelque temps même sur la *terra ferma*. Elle battait monnaie, comme ses grands patriciens, les Welser et les Fugger. C'est presque à ses portes que les Huns furent défaits en 955 par Otto le Grand, aidé par les habitants d'Augsburg, sous la conduite de l'évêque saint Ulrich, dont le tombeau se trouve dans l'église qui porte son nom. La ville, dominée d'abord exclusivement par les *geschlechter* (races patriciennes ou familles nobles), fut gouvernée depuis 1368 par les corporations qui s'étaient emparées du pouvoir. Charles V y rétablit, en 1548, les prérogatives de l'aristocratie bourgeoise. Les noms des *Fugger* et des *Hainhofer* [1] resteront une éternelle gloire pour les familles patriciennes de cette ville. Les vestiges des fresques visibles sur nombre de maisons bourgeoises témoignent encore combien le goût de la belle peinture était répandu dans la ville natale des Hans Burkmair, des Hans Holbein, l'aîné, des Bergmiller, des Gundelach (le portraitiste), des Ulrich Maier et des Johann Holzer (célèbre peintre d'histoire de qui sont l'*Ecce Homo* du Klinkerthor et les fresques de la maison Vollmuth). Pour la sculpture, Augsburg avait vu naître dans ses murs Jean Hüler, l'auteur de l'hôtel de Saint-George; pour les travaux hydrauliques, Hans Falber, qui commençait déjà en 1416 les remarquables ouvrages aux portes Rouge et Oblatte; pour l'architecture, Élias Holl, qui a construit l'hôtel de ville, la tour de Verlacht et l'arsenal; pour la fonte, Neidhart, qui fondit en 1595 la fontaine de Neptune. La ville est aussi remplie d'œuvres d'autres artistes qui habitaient à Augsburg; il faut citer les sculpteurs allemands Georg Pettel, Weilheim et Johann Reichel de Rain en Bavière, auteur de

[1] La célèbre armoire dite *de Poméranie*, n° 93 au musée de Berlin, l'orfévrerie est de *Meister Matheus Walbaum d'Augsburg* et les peintures sont *d'Anton Mozart*, a été exécutée à la commande et sur les dessins de Philipp Hainhofer en 1578.

l'autel du Calvaire et de la statue de saint Michel, à l'arsenal, tous deux en fonte; les sculpteurs hollandais Hubert Gerhart et de Mann, qui, en 1590 et 1594, ont créé la belle fontaine d'Auguste; et Adrien de Vries, l'auteur des statues en bronze de Mercure et d'Hercule; l'architecte Julio Romano; les peintres allemands Roger, Schonfeld, Stor, Hans Rottenheimer, Christophe Schwarz, de Wette, Heiss, Spielberger, et tant d'autres. On est saisi d'une grande tristesse quand on parcourt aujourd'hui cette ancienne ville si célèbre dans l'histoire. L'absence de luxe, de promeneurs et de voitures produit un contraste pénible avec les restes d'une grandeur passée. Les souvenirs de sa puissance, de ses richesses et de son art font justement ressortir davantage la morne solitude de ses rues! Nürnberg, plus architectural, plus animé, plus industriel, ne produit pas la même impression.

L'industrie et le protestantisme y ont conservé une vigueur qui ne fait rien regretter du passé. Des rues propres, animées d'un peuple gai et robuste, des maisons gothiques entretenues religieusement dans le style de l'époque, des constructions modernes réédifiées dans le même goût. On y voit de toutes parts apparaître l'ogive. Rien n'y choque, rien n'y attriste.

Le voyageur qui a visité Carcassonne et Pompéi, peut se faire une idée de ce qu'il rencontre à Nürnberg, à la propreté et à l'animation près. Cette ville gothique est telle que le Moyen Age l'a connue. Ses maisons variées aux balcons fermés de vitraux, en styles gothique et de la Renaissance, ses remparts et ses murs, couverts de pervenches et de lierre, avec leurs cent immenses tours (345 jadis), ses fossés primitivement de 100 mètres de largeur, ses défenses, son vieux bourg, ses églises et fontaines architecturales, tout y est encore. Quand Pompéi et Carcassonne [1] sont morts ou sommeillent, Nürnberg *vit* et *rit* en plein moyen âge !

L'art s'y rencontre à chaque pas. Quelles maisons caractéristiques que celles des Petersens au Panierplatz du quinzième siècle, celles des Pellers de 1605, et celles de Dürer et de Hans Sachs, où style, conservation et souvenirs se confondent ! Les époques se lisent dans les rues sur la pierre sculptée comme dans un livre à pages ouvertes. Il n'est pas jusqu'aux sonnettes et marteaux des portes qui ne regardent les passants avec leurs yeux gothiques. Les noms mêmes de ces rues entretiennent l'illusion, et on s'attend à voir sortir de leurs sinuosités des corporations entières, bannière en tête

[1] La ville haute de Carcassonne est certes l'ensemble le plus complet et le plus curieux de l'époque du Moyen Age que l'on puisse rencontrer en France. Cette ville n'a pas subi depuis cinq cents ans le moindre changement. Une double enceinte de fortifications de 1,500 mètres de circonférence, flanquée de plus de cinquante tours, se trouve encore telle que saint Louis l'a vue. C'est dans cette ville que l'historien peut étudier les ressources de la défense des places fortes au Moyen Age. Les rues tortueuses et étroites, avec leur petites maisons de la cité, ont gardé également le cachet absolu de l'époque.

et armées pour voler à la défense des remparts. A Nürnberg l'art et son histoire se trouvent partout! Quelle est la matière dans laquelle cet art allemand ne s'est pas essayé; quel est le genre dans lequel il ne s'est pas manifesté? Les musées de tous les pays le témoignent. Plus d'un bon tiers des objets qui composent les musées de Cluny et Sauvageot sont de l'art allemand. Un produit tout à fait germanique, c'est les beaux verres de Nürnberg, en peinture polychrome cuite et vitrifiée du seizième siècle [1] et du dix-septième, avec leurs armoiries caractéristiques, leurs cartes à jouer, leurs charges et leurs inscriptions curieuses.

Les célèbres verreries de *Kunkel* [2] *de Potsdam*, qui florissaient au commencement du règne du Grand-Électeur, verreries qui ont dépassé pour la taille et les couleurs, particulièrement pour le *rubis*, celles de Venise; les nombreuses verreries de Bohême, parmi lesquelles les flacons et fioles, représentant toute sorte d'animaux monstrueux et fabuleux en verre blanc, ornés souvent d'émaux de couleurs superbes, et les lustres et coupes des quinzième et seizième siècles, sont recherchés aujourd'hui pour les musées et pour les collections. Venise même devait une grande partie de son industrie aux

[1] Grand nombre de ces curieux verres au musée de Berlin. Le musée de Cluny, le musée de la Porte de Hal à Bruxelles, le musée national de München, dans mon cabinet, etc., etc.

[2] Une dizaine d'exemplaires de ces verres au musée de Berlin. On a aussi un ouvrage de Kunkel qui traite de l'art de fabriquer le verre.

Allemands. On lit dans les actes du grand conseil de cette république, de l'année 1318, qu'un *Allemand*, associé à deux Vénitiens et à un Muranais, ont introduit la fabrication des glaces à Murano (petite île vénitienne). L'entreprise n'avait pas de succès et les miroirs de métal reparurent bientôt, pendant que les Allemands et après eux les Flamands allaient toujours en perfectionnant. Vers 1420, un autre Allemand, le nommé Vincenz Roder, opéra la résurrection de l'industrie des glaces à Murano, qui continuait alors de prospérer. Vers l'année 1500, la réduction du verre en cristal y fut également introduite par des Allemands.

Un nommé Giusepe Briat, mort le 17 janvier 1772, se mit, au commencement du dix-huitième siècle, durant trois années, en apprentissage dans une fabrique allemande de cristaux, en Bohême. Le 23 janvier 1736, le conseil des Dix lui accorda le privilége de fabriquer à Murano et de vendre pendant le laps de dix années des cristaux faits à la façon de la Bohême, dont les produits étaient alors prohibés dans tous les États de la république de Venise [1].

Les *stras*, introduits en Europe vers 1200 par les alchimistes allemands, figurent déjà, à partir de cette époque, dans la bijouterie et l'orfévrerie allemandes, avant d'être connus dans aucun autre pays.

[1] E. Cons. X. secret. Jacobus Busenello. — *Les Verreries de Murano*, par Vicenzo Lazari.

Dans le courant du même siècle, l'*invention des horloges*, qui ne furent connues en France qu'en 1365 par la première horloge, faite par l'Allemand Henri de Vie, pour le Palais de Justice de Paris.

L'*invention des montres à Nürnberg* en 1350, par Pierre Hèle, appelées d'abord *œufs de Nürnberg*, à cause de leur forme, et dont la première connue en France était celle de Charles V [1].

L'*invention des pièces d'artillerie* (et même d'après quelques auteurs, de la poudre à canon, déjà connue par les Chinois avant J.-C.), en 1354, par *Schwartz.*

L'*invention du papier de lin*, si nécessaire plus tard à l'invention de Gutenberg.

L'*invention des fusils à vent*, par *Guter de Nürnberg*, en 1560.

La déclinaison de l'aiguille aimantée fut déterminée déjà en 1538 par Geerg Hartmann, et les verres de lunettes s'y fabriquaient dès 1480, ainsi que les cartes à jouer dès 1380. En 1390, Nürnberg avait un moulin à papier de dix-huit piloirs, et les ressorts qui remplacent les mèches aux arquebuses y furent inventés en 1517.

L'invention des serrures et des cadenas chiffrés, par *Hans Ehmann* [2] de Nürnberg, mort en 1551 (inven-

[1] Dubois, dans son *Abrégé historique de l'horlogerie*, ne peut faire remonter la confection française au delà du quinzième siècle, et encore sous la foi de Poncirol seulement.

[2] Ce Hans Ehmann est aussi l'inventeur des portes s'ouvrant indistinctement à droite et à gauche, et il a fabriqué, un des

tion que les Anglais, trois cents ans plus tard, ont reprise et ont voulu s'attribuer), et tant d'autres, prouvent combien l'activité intellectuelle des Allemands avait déjà cultivé là à cette époque les sciences, les grands et les petits arts. Est-ce assez? Je n'ai parlé que d'une bien petite partie de ce pays, me proposant de rechercher dans un autre ouvrage ce que le reste de l'Allemagne a produit dans les premiers temps de la Renaissance.

Nous voyons donc que la Renaissance, ou plutôt la nouvelle manifestation ou création d'un art nouveau, s'y était opérée partout d'elle-même, sans l'aide ou l'impulsion de protecteurs. Quand la renaissance italienne était entièrement l'œuvre de la protection princière, l'art allemand s'était créé lui-même. La division d'un pays en beaucoup de centres d'activité, centres indépendants les uns des autres, ce que la féodalité avec ses nombreuses villes permettait, est, comme je l'ai déjà fait observer, indispensable à un bon développement de l'art et à sa conservation. N'a-t-on pas vu commencer la décadence juste à la chute des libertés municipales? Les gouvernements centralisateurs modernes, aujourd'hui nécessaires pour l'équilibre des nationalités, nuisent à l'art, et les protecteurs trop puissants l'absorbent et l'enrégimentent. L'art et l'artiste sont des plantes qui ne donnent de bons et vigoureux fruits

premiers, des lunettes. Régnier, mécanicien, chef d'atelier au musée d'artillerie à Paris, sous l'Empire, donna cette serrure chiffrée ou de combinaison comme une invention nouvelle.

qu'en champ libre, et, pour parler le langage d'un artiste ennemi de la critique, qu'il appelait *fumier*, ce fumier de la critique libre est vivifiant et indispensable pour la croissance de l'art.

L'opinion si accréditée que des protecteurs puissants et omnipotents sont absolument nécessaires à la vie de l'art n'est vraie qu'en partie, là seulement où la maudite centralisation latine a entièrement absorbé l'individualisme franc, et où les mœurs et les franchises ont cessé d'exister. L'art dépendant uniquement d'un seul doit tôt ou tard décliner et dégénérer. Cette dépendance absolue crée aussi l'uniformité et le mauvais goût. C'est elle qui a fait engendrer « ces jolies œuvres » du temps de la perruque à la queue. Les affreuses créations de Louis XIV et du premier empire en sont les tristes conséquences.

Voici comment M. Laurent Pichat apprécie les hommes et les œuvres d'art de ces deux règnes, dans son ouvrage déjà mentionné : « L'égoïsme de Louis XIV était son piédestal, un isoloir du haut duquel il regardait la France, sans s'inquiéter si l'on y souffrait. *Il n'avait rien d'humain dans l'acception sérieuse du mot. De l'homme il n'avait que les vices.* On l'a comparé au soleil ; on l'admire encore. Il appartient à ceux qui ne veulent porter le pavois de personne, ni dans leur temps, ni dans l'histoire, de regarder avec indifférence cet être heureux, protégé par le hasard et placé sur un trône pour la joie des esclaves idolâtres et le malheur des peuples.

« L'empire arriva, qui se préoccupa de l'effet du monumental *boursouflé*. Il copia l'antiquité sans bonheur et n'eut aucun caractère. Cet art surtout n'offre rien de national. L'arc du Carrousel est une maigre imitation de l'arc de Constantin de Rome; la colonne de la place Vendôme est une reproduction de la colonne Trajane, qu'Apollodore fit en marbre; le temple de la Gloire, devenu depuis l'église de la Madeleine, rappelle l'architecture grecque : ce monument est un bâtard brumeux du temple de Thésée, doré comme une grappe mûre. » Saint-Simon dit de son côté de Louis XIV : « Ses bâtiments, qui les pourrait nombrer? En même temps, qui ne déplorera *l'orgueil*, *le caprice*, *le mauvais goût*. » Il abandonna Saint-Germain et ne fit jamais à Paris ni ornement, ni commodité, etc. « Versailles, dit encore M. Pichat, n'est plus que le décor d'une ruine; ruine intacte dont le *cicerone* est Saint-Simon. »

En Allemagne, l'imitation des créations baroques de Louis XIV a fait un tort énorme à l'art national, et cela presque durant un siècle. La mode française, régnant à cette époque plus que jamais en souveraine dans toutes les petites cours, y avait imposé aussi bien le cérémonial bouffon du soi-disant grand *roi-soleil* que son jardinage et son goût architectural.

Après le Louis XIV, c'est le style exclusif de l'antique qui a fait du mal, et des restaurateurs dépourvus de goût et d'éducation artistique ont fait le reste! J'ai vu tout dernièrement à La Haye démolir la charpente de toiture d'une magnifique construction gothique (Binnenhof), datant du douzième siècle. Cette charpente était un vrai chef-d'œuvre d'art, connue de tous les amateurs et artistes qui venaient de bien loin pour admirer sa coupe hardie. L'architecte de la ville seul, espèce de maçon, ne se doutait même pas qu'il démolissait une œuvre unique, dont il était incapable de comprendre le mérite. En France et en Prusse, il y a des commissions composées, non pas d'*architectes* seulement qui, comme en Bavière, poussent à la démolition par intérêt, mais d'archéologues désintéressés. C'est ainsi que l'on a sauvé de la destruction nombre de chefs-d'œuvre.

A München (Munich) même, dans cette ville où un roi artiste a répandu si largement les trésors, et où les embellissements se sont succédé avec profusion et comme par enchantement, on doit cependant aussi déplorer des démolitions de chefs-d'œuvre de la Renaissance, remplacés par des constructions ennuyeuses, en style bâtard, grec et romain. Le malheur veut que, quand un protecteur généreux et bien intentionné manifeste un goût prononcé pour un genre favori, il se trouve vite des soi-disant artistes, trop flatteurs pour l'être, qui, enchérissant encore sur ce goût exclusif, aident à pousser tout dans une seule et même voie. On dit que le roi n'admettait pas la critique; je ne puis pas le croire, car ses œuvres littéraires et ses actions ont démontré une grande libéralité.

Je pense qu'il serait facile d'améliorer le caractère

un peu triste des nouvelles rues de München, trop larges et pas assez peuplées, en plantant des rangs d'arbres, comme on l'a fait partout à Paris. En dehors de ces quelques inconvénients, l'art, en Bavière, doit beaucoup au dernier règne, et il serait bien injuste de ne pas le compter parmi les meilleurs de son histoire.

On voit donc que des princes éclairés et généreux, qui ont protégé les arts sans les asservir, ont puissamment contribué à la marche progressive de son développement. L'histoire doit enregistrer leurs noms parmi les bienfaiteurs du genre humain.

L'influence funeste dont j'ai parlé se rapporte uniquement à ces Mécènes altiers et dépourvus de sens artistique, qui, imposant leur mauvais goût à leur époque, ont fait payer bien trop cher les secours et les encouragements obtenus de leur vanité. Louis XIV est le type de ces Mécènes! C'est uniquement lui-même qu'il aimait, et non pas les arts. Le seul mobile de ce règne était la vanité! Ce sont ces natures tyranniques qui, en pliant les organisations exceptionnelles à leurs idées bizarres, tuent l'indépendance et l'originalité artistique, et paralysent le génie.

« L'art est un oiseau des bois qui hait la cage et ne peut vivre qu'en liberté [1]. »

Les styles antiques sont impropres à notre climat et

[1] Devise de Platon, mise en tête de l'ouvrage *Comment faut-il encourager les arts?* par M. Louis Viardot.—1861, chez Mme veuve Renouard, à Paris.

à notre lumière; ils sont contraires à nos besoins, à nos habitudes et à nos goûts.

München (Munich), transformé si prodigieusement sous le dernier et mémorable règne, doit certainement beaucoup à son roi, écrivain, poëte et artiste. Il est cependant à regretter, je dois le répéter, que les goûts du roi, exclusivement tournés vers l'antiquité, aient fait négliger l'art national. On a aussi trop abusé des fresques; il y en a partout. En dehors de quelques remarquables compositions, beaucoup sont trop faibles. Celles de meister Kaulbach même sont inférieures à ses œuvres de Berlin et d'ailleurs. Je pense qu'on est allé trop vite.

Heureusement le goût de l'antiquité ne domine plus aujourd'hui exclusivement à München.

Le roi actuel, encourageant également les sciences et les arts, a donné une direction plus rationnelle et plus logique aux créations.

Les constructions commencent à montrer des allures plus libres et plus allemandes, et la belle renaissance a reparu. Une fois doté de monuments de style national, le roi aura fait rentrer sa capitale dans l'histoire. Espérons que le gothique aussi sera bientôt repris avec vigueur. La création d'un musée national (armes, meubles, poteries, sculptures, curiosités, etc.), des encouragements accordés aux archéologues, etc., illustrent ce règne, et placent ce roi parmi les vrais Mécènes d'un art national et indépendant.

Je dois insister sur deux points importants pour

l'appréciation de l'art allemand ; d'abord son origine toute chrétienne et toute nationale, et ensuite sa marche indépendante à partir de sa première manifestation.

Le génie franco-germain avait résisté entièrement, comme je l'ai déjà fait observer, aux absorptions dans l'élément latin. La famille et la cité, en conservant sur l'homme leurs droits et leur influence primitive, avaient sauvegardé son originalité et sa force de caractère. L'uniformité de l'éducation de collége de nos jours, sorte de dérivé de l'éducation spartiate, en formant des êtres bons à une discipline militaire et à une conformité servile de goûts et d'idées, ne peut qu'affaiblir les caractères et tuer l'originalité. Cette uniformité d'instruction est très-nuisible à l'art.

La variété de l'art allemand et son cachet caractéristique, l'originalité, proviennent donc aussi en partie de l'éducation de famille. L'éducation de collége y est encore aujourd'hui fort peu en usage. Les gymnases sont des écoles externes, de manière que l'enfant et l'adolescent passent leur jeunesse dans leur famille.

Lorsque le mouvement de la Renaissance, ou plutôt de la *naissance*, s'est manifesté, les villes en Allemagne étaient encore toutes indépendantes et jouissaient de leurs franchises. L'art a pu vivre *en tous* et *pour tous*. Il n'a pu non plus disparaître entièrement, comme dans certains pays, avec des trônes écroulés ou des Mécènes morts. Le respect historique pour ses princes et pour ses arts, inné dans le peuple allemand, a toujours préservé ses chefs-d'œuvre de la destruction, même dans les tourmentes révolutionnaires, religieuses et politiques. Les dégâts occasionnés par les *Bilderstürmer* (iconoclastes), au début de la Réforme, étaient tous locaux et n'ont duré que très-peu de temps; arrêtés immédiatement par la voix puissante de Luther, ils ont été peu considérables. L'instruction dans les villes avait déjà pris racine. Un peuple instruit est rarement vandale.

En dehors des belles peintures gothiques à la détrempe de l'école allemande des premiers temps, qui avait déjà devancé de bien loin celle des Byzantins[1], et dont l'admirable Adoration des Mages de meister Stephan au Dom de Köln (Cologne) est un précieux spécimen, l'Allemagne était aussi devancière pour sa peinture à l'huile. On avait cru d'abord qu'un célèbre peintre de la branche flamande de l'école allemande, de laquelle plusieurs maîtres attachés à la cour de Bourgogne avaient fait école en France [2], je veux parler de l'immortel Van Eyck, connu aussi sous le nom de Jan von Brugge, né en 1380, était l'inventeur, vers 1410, de la peinture à l'huile. Aujourd'hui ce n'est plus cela; on connaît des tableaux à l'huile de l'art allemand, remontant au delà du treizième siècle. Le moine allemand Théophile ou Titulo, de Saint-Gall, vivant au

[1] Dans l'église de Saint-Jacob, à Nürnberg, se trouve un tableau de l'école allemande de 1224, et on en connaît de 900.

[2] Bien avant le premier peintre de la Renaissance française, *Clouet*, né seulement en 1500 et d'origine flamande.

neuvième ou au dixième siècle, dont le *Diversarum artium Schedula*, imprimé dans les *Mémoires d'art et de littérature*, de Brunswick, en 1781, a été commenté par le savant Lessing, dans son ouvrage *Vom Alter der Oelmalerei*, et traduit en français par M. de Lescalopier en 1843, avec préface de M. Guichard, réduit la légende de Vasari, sur la soi-disant invention de la peinture à l'huile de Jan von Brugge, au néant. Théophile dit textuellement : « Si vous voulez peindre, etc., employez de l'huile de lin. » Et plus loin : « Prenez les couleurs que vous voulez poser, les broyant avec de l'huile de lin sans eau, et faites les teintes des figures et des draperies, » etc.

L'Allemagne n'a pas la prétention de vouloir établir sa priorité sur l'école italienne par des œuvres isolées, sortes d'essais, d'ébauches de quelques moines; elle a des écoles régulièrement construites et historiquement établies, qui prouvent jusqu'à quel point sa peinture s'était élevée déjà au quinzième siècle. Dans un ouvrage en préparation, traitant spécialement de l'ancienne école allemande de peinture, je me propose de donner toutes les biographies de ces premiers pionniers de la peinture chrétienne, hommes auxquels la peinture actuelle doit son existence. Les grandes écoles de Köln, de Nürnberg, d'Augsburg, d'Ulm, de Saxe, de Landshut, de Colmar (qui sont aussi connues sous le nom d'*Oberrhein*, d'*Unterrhein*, de *Franconie*, etc.), dont Stephan, né en 1340, Just en 1410, Martin Schöngauer en 1420, Bartholomaus Zeitblom en 1435, Wohlgemuth, le maître de Dürer en 1438, Albrecht Dürer[1] en 1470; Schaeuffelein et Altdorffer, ses élèves; Kranach, le grand coloriste, en 1472; Hans Bergkmaïer en 1473; Jacob Walsch, maître de Hans von Kulmbach, mort en 1500; Hans Beurlein, mort également en 1500; Holbein, l'ami de Luther, en 1498 Wolf Traut; Georg Pentz, mort à Breslau, maître de Beham, son célèbre élève, né en 1500; Ostendorfer; Hans von Kulmbach, élève de Jacob Walsch, né en 1545; Kreutzfelder, le peintre de la *Création du monde*, à Nürnberg; et tant d'autres, ont été les chefs, avaient depuis longtemps frayé le chemin aux Italiens, qui jusqu'à Léonard de Vinci ne pouvaient rien produire qui s'écartât sensiblement de l'école byzantine, quoique les peintres de l'époque carolingienne, justement à cause de leur tendance byzantine, fussent bien plus chrétiens que ceux de la Renaissance italienne. Les écoles allemande, flamande et hollandaise sont, du reste, issues d'un même tronc, branches d'un même arbre; toutes d'origine germanique

[1] Albert Dürer a laissé un *Traité des proportions du corps humain*, 1523, traduit en français par L. Maigret, 1557.

Les *Dunkelmänner* (les hommes sombres), piquante satire contre le clergé, est l'ouvrage d'Albert Dürer et d'Ulrich de Hutten (né en 1488, mort en 1523). Le clergé, qui ne comprenait pas d'abord cette satire, contribuait lui-même à la répandre.

Hans Hoffmann, peintre en miniature de l'empereur Rodolphe II, mort en 1600, a imité Dürer, au point que ses ouvrages passent souvent pour ceux du grand maître.

chrétienne, elles ont suivi les mêmes tendances et les mêmes errements, et employé presque les mêmes procédés [1]. Les écoles allemande et flamande anciennes se confondent donc; Memmeling ne diffère en rien des premiers maîtres allemands. L'ancienne école hollandaise s'était écartée le plus de son origine. La composition et l'imagination y manquent. L'absence d'élévation est remplacée par l'abondance de détails et un fini trop minutieux. Rembrandt cependant est une exception honorable. Rubens a su réunir les défauts et les qualités des peintres allemands et flamands; c'est comme si son

[1] Il est plus facile de parler avec un dédain superbe de cette *manière léchée*, *de ce fini de patience sans art*, *de cette exécution sans génie*, *de ce travail de manœuvre*, etc., que de l'imiter. Que certains peintres, ennemis du travail, mais fort beaux parleurs, incapables de rien produire en dehors de leurs épouvantables et grossières esquisses, appelées par eux tableaux, où *la truelle*, pour ainsi dire, remplace le pinceau, et où il leur faut des empâtements d'un demi-centimètre d'épaisseur pour obtenir des effets à rechercher dans des distances à perte de vue; où la lumière et l'espace manquent totalement, et où les couleurs et l'anatomie sont de convention; que ces *grands artistes* nous prouvent qu'ils *peuvent* peindre ces *détestables tableaux léchés*, alors seulement on croira qu'ils n'en *veulent* pas produire; mais j'ai bien peur que la fable du ver à soie et de l'araignée soit ici à sa place. Parmi les faïences, ce sont justement celles à détails fins, à exécution minutieuse, comme le Delft, par exemple, qui ne s'imitent pas, quand les faïences *décoratives italiennes*, jusqu'aux Della Robbia, se contrefont très-bien et très-facilement. Que ces potiers imitent un paysage de Jan Asseleijn!

origine allemande et son éducation artistique flamande avaient gardé chacune leur influence. Le grand nombre des peintures religieuses et historiques des anciennes écoles allemandes, les nombreuses fresques, parmi lesquelles celles d'Albrecht Dürer, dans la salle de l'hôtel de ville de Nürnberg [1], le Cortége triomphal de l'empereur Maximilien, prouvent que le genre byzantin et gothique était déjà dépassé et oublié depuis longtemps par les écoles allemandes, et que les Italiens de la Renaissance tardive n'avaient rien à apprendre aux peintres de villes libres, mais bien au contraire! Quant à la priorité et même à la supériorité de l'orfévrerie et de la fonderie allemandes, elles ne sont plus contestées aujourd'hui. Benvenuto Cellini lui-même (né en 1500), malgré sa morgue nationale, a été obligé de parler et de se servir des artistes et fondeurs allemands. L'Italie n'a rien à mettre à côté du tombeau de saint Sebald (décrit au commencement de cet ouvrage), le plus noble chef-d'œuvre de l'art de la fonderie allemande du célèbre Peter Vischer à Nürnberg, qui, aidé de ses cinq fils, l'acheva en 1519, après treize ans de travail. Ces sortes d'œuvres parlent d'elles-mêmes, sans avoir besoin d'être soutenues par une hâblerie féconde, à la

[1] Un fait assez curieux a été révélé par ces fresques, c'est que la guillotine a déjà existé dans les temps de Dürer et que Guillotin n'en est pas l'inventeur. Les reliefs en plâtre, à figures de grandeur naturelle, du corridor, représentant un tournoi tenu en 1446, par les *Gesellen* (compagnons), sont également de Dürer.

Benvenuto! Les portes du Dom de Hildesheim, ouvrage de l'archevêque saint Bernard de 1015, ainsi que celles de la cathédrale d'Augsburg, exécutées au huitième siècle, prouvent combien l'art de la fonderie était déjà répandu en Allemagne à ces époques reculées. Les précieuses pièces d'orfévrerie émaillée et les émaux de peintres, à Essen, Wien, Bamberg, Nidermunster, Hanover, Deutz et Berlin, tous authentiques et datés, fabriqués à partir du dixième siècle jusqu'au douzième, dans les villes de Köln (Cologne), Mainz (Mayence), Trier (Trèves), Aachen (Aix-la-Chapelle), Nürnberg, Augsburg, et autres, ont été commentés dans mon Guide.

La serrurerie et le fer martelé y avaient également atteint un grand perfectionnement.

Dans l'ouvrage du docteur de Heffner-Atteneck, conservateur des collections réunies de München[1], on remarque les ouvrages gothiques des années 1460, 1471 et 1502, sous les n°s 1, 2 et 3, pour leur tournure originale, qui fait déjà pressentir la Renaissance.

[1] Ouvrages et ornements en fer forgé, exécutés au Moyen Age et à l'époque de la Renaissance, par le docteur J.-H. de Heffner-Atteneck, chez Keller à Francfort-sur-Mein, publication qui paraît en livraisons de 6 feuilles chaque, avec texte (3 fr. 75 c.) Toutes ces feuilles sont dessinées d'après nature par le célèbre artiste lui-même, et le texte explicatif, également de M. de Heffner, a une grande autorité archéologique, à cause de la position et des connaissances exceptionnelles de l'auteur (Dépôt en France chez Mme veuve Renouard, à Paris).

Pendant longtemps les recherches des archéologues allemands ne s'étaient pas portées vers les époques du Moyen Age et de la Renaissance; ils les trouvaient trop rapprochées de notre temps; c'est grâce à la nouvelle direction des esprits, que la critique historique a commencé de s'en occuper. Entouré encore aujourd'hui d'une immense richesse d'art de toutes les branches et de tous les temps chrétiens, qui, malgré les achats continuels des amateurs et marchands étrangers, n'a pu être épuisée [1], on croyait superflu de rechercher des preuves et des documents pour établir des faits incontestables et incontestés, et qui étaient pour ainsi dire

[1] Dans les derniers temps, plus que jamais, les vieilles collections s'en allaient en Allemagne, et ce n'est guère que depuis les derniers quinze ans que le goût de l'art et de collectionner a repris. Les progrès de la civilisation et une longue paix ont ramené l'amour de l'art, et des collections importantes se sont formées comme par enchantement. La spéculation étrangère avait trouvé en Allemagne une mine inépuisable. Les marchands avaient traîné régulièrement leurs récoltes à l'hôtel des ventes de Paris, et les chefs-d'œuvre, ramassés sans dicernement, s'en allaient répandus partout. Ces marchands sont semblables aux bandes noires de démolisseurs qui parcouraient la France pour acheter les manoirs féodaux et historiques dans le seul but d'en vendre les pierres des démolitions. J'ai vu vendre ainsi en détail, pièce par pièce, des poêles de Nürnberg d'une grande valeur artistique, de sorte que l'un achetait un carreau, et une autre une corniche! Ces marchands ignorants sont la peste de l'art. Heureusement leur règne commence à finir. Tout le monde en Allemagne sait aujourd'hui apprécier la valeur de ces richesses artistiques, et les collections et les musées nationaux les recueillent avec discer-

connus de tous par tradition. Leur science archéologique s'était presque exclusivement occupée de l'antique. Dans plusieurs pays, comme en Bavière, par exemple, comme j'ai déjà dit, un goût malheureux avait dirigé les travaux vers cette éternelle antiquité, si mal comprise; et l'art académique, avec sa draperie de théâtre et sa vie de carton, avait pris la place de l'art de l'époque de la queue, suite et succession du siècle de Louis XIV. On passait avec un dédain superbe à côté des richesses antiques nationales, pour remplir les musées de torses devenus méconnaissables et de blocs de pierre souvent informes. Dans les villes s'élevaient partout des constructions où la monotonie était seulement dépassée par la lourdeur. Aujourd'hui, je le répète, tout cela est changé, grâce au sentiment artistique du roi. La critique, éveillée encore à temps, peut élever sa voix. Deux musées nationaux sont en formation, l'un à Nürnberg, l'autre à München (Munich).

Le roi, prince allemand de tout son cœur, avait senti le manque d'un asile d'art national; il décréta la création du musée de München. Maintenant tout marche à souhait. La richesse est encore si grande que l'on a pu le former sans grands frais, seulement en furetant dans les châteaux royaux et les garde-meubles. On a

nement : Augsburg, Bamberg, Berlin, Cassel, Darmstadt, Dresden, Frankfort, Gotha, München, Nürnberg, Regensburg (Ratisbonne), Siegmaringen, Trier (Trèves), Ulm, Weimar, Wien, etc., sont les villes où l'amateur trouve le plus de musées et de collections.

déjà réuni aujourd'hui des richesses qui dépassent bien six fois la collection entière de Cluny.

La malheureuse loi fiscale du Zollverein, qui frappe de droits d'entrée tous les objets de collection d'art et de curiosité, a fait et fait encore continuellement un tort immense à l'art, sans rien produire à la caisse douanière. Cette disposition vandale est cause que tout ce que le commerce peut recueillir va en France, où une législation plus éclairée laisse entrer en franchise les objets d'art.

Un bon *tiers* de tous les objets d'art à Cluny et la moitié de la collection Sauvageot peuvent être classés, sans exagération, parmi les productions allemandes.

Quand j'ai fait paraître mon *Guide de l'amateur de faïence et porcelaine*[1], j'ai dû restituer à César ce qui appartenait à César. Il m'a été impossible d'admettre l'opinion accréditée que les Italiens, et particulièrement les Della Robbia, sont les inventeurs des faïences européennes fines appelées en Italie *majolicas*, Regensburg (Ratisbonne), Baireuth, Schélestadt, Nürnberg, etc., ont dû suivre, dans l'ordre chronologique de l'ouvrage, la poterie émaillée de la Sicile et de l'Espagne (genre de poterie connue sous la dénomination de musulmane et qui ne peut pas compter parmi les faïences européennes). On a fabriqué à Babylone des

[1] In-18 jésus, avec plus de trois cents gravures dans le texte, chez Mme veuve Renouard, à Paris. 1861.

briques émaillées ou vernies deux mille cinq cents ans avant Jésus-Christ ; et l'Égypte et la Grèce ont laissé également des vestiges de poterie imperméable, sans parler des Chinois. Mais tout cela ne regarde pas nos émaux de l'Europe. Puisque ces localités allemandes ont devancé les Italiens de plus de deux siècles, et puisque les Hirschvogel ont été presque contemporains des Della Robbia, tout porte à croire aujourd'hui que la faïence est une invention allemande. C'est le seul pays où l'on a trouvé des ouvrages de forme gothique ainsi que de grande sculpture en terre cuite émaillée du douzième et du treizième siècle. C'est aussi le seul pays où des faïences d'art de toutes sortes et *modelées à la main* ont été exécutées déjà aux treizième et quatorzième siècles.

Plusieurs lettres m'ont été adressées, écrites dans le but de défendre la priorité de la faïence italienne, et particulièrement celle des Della Robbia. Je n'ai répondu à aucune, puisque j'ai voulu répondre par des preuves, et non par des allégations ou appréciations personnelles. Ces preuves, je les ai cherchées en Allemagne même, et je vais donc faire passer sous les yeux du lecteur la description des œuvres authentiques, historiquement établies et souvent datées.

En outre, l'histoire répondra. Il se pourrait fort bien que Schélestadt gardât l'honneur de l'invention de la faïence [1].

[1] M. Edmond Tudot confond la poterie vernissée avec la faïence

La famille des célèbres Hirschvogel se composait des cinq artistes suivants :

Veit Hirschvogel le Vieux, chef de cette famille, né

émaillée, quand il dit, dans le renvoi, page 83, de son savant ouvrage (Collection de figurines en argile. — Œuvres premières de l'art gaulois, par Emond Tudot, directeur, professeur, conservateur, etc. Moulins, 1860, chez Rollin. — Paris) : *que les glaçures qui rendaient certaines poteries romaines ou gauloises imperméables, combattent les prétentions du potier de Schélestadt, d'avoir inventé la faïence dès 1146.* Ces prétentions ne se trouvent nullement affaiblies par les poteries romaines ou gauloises vernissées, car pour Schélestadt il s'agit de la *faïence*. — Le *grès*, plus ancien que la faïence, possède aussi la qualité d'être imperméable. Il y a au Louvre même des fragments de poterie vernissée *grecque*, qui datent de cinq à six cents ans avant J.-C. Les Égyptiens et les Babyloniens en ont fait également. — Cependant tout cela n'est pas de la faïence émaillée. L'Égypte seule peut-être produit mille ans avant J.-C. une espèce de faïence émaillée (voir dans la salle civile du Louvre l'armoire D et dans la salle funéraire les armoires B et E — d). Mais tout cela ne peut rien ôter au mérite de l'invention allemande du douzième siècle. Combien de nos inventions modernes n'ont-elles pas été connues et pratiquées en Chine auparavant et ont pourtant été inventées de nouveau en Europe ! La porcelaine dure de Meissen, inventée par Böttger, le prouve.

Henri Campe, surnommé le Berquin allemand, né dans le Brunswick en 1746, mort en 1818, a raconté d'une manière ingénieuse, et à la portée de la jeunesse, la formation naturelle, par le sel marin et le feu, de ce vernis ou de cette couverte qui rend la poterie imperméable. Qui ne se souvient d'avoir lu dans sa jeunesse le fameux conte de *Robinson Crusoé*, traduit dans toutes les langues? Il se pourrait bien que la découverte ait eu

à Nürnberg en 1441 et mort en 1525 (Lucca Della Robbia, le Florentin, est né en 1400 et mort en 1481).

Les vitraux des quatre fenêtres ogivales de la nef de l'église Saint-Sebald à Nürnberg, représentant le margrave Frédéric d'Ansbach et Baireuth, avec son épouse et ses enfants, ont été peints et dessinés par lui en 1515.

A cette époque si riche en œuvres d'art, la peinture de vitraux répandue en Allemagne universellement

lieu de cette manière dans les temps primitifs, semblable à la découverte de la fabrication du verre.

Les anciens croyaient qu'une troupe de peuple nomade, ayant allumé du feu sur un terrain sablonneux au bord de la mer, avait été tout étonnée de trouver le lendemain dans les cendres une matière minérale brillante et vitrifiée, et que la découverte du verre appartenait ainsi au hasard seul.

Le grès, composé uniquement de sable, se vitrifie simplement par le sel marin dans une température de cuisson des plus élevées.

L'émail, en général, se compose de sable siliceux, d'oxyde de plomb et d'alcali de soude et de potasse; il est le même pour les poteries, faïences et métaux, sauf le fer, pour lequel on doit ajouter le minium et le borax. L'émail de porcelaine, que M. Brongniart et M. Bastenaire appellent dans leurs ouvrages, à mon avis improprement : *couverte*, est composé uniquement de kaolin (le Ka-ho-lin chinois) et de feldspath (Petun-zé chinois), quand le *vernis* ou la *couverte de poterie* s'obtient, sans alcali, par un simple mélange de terre, de sable et d'acide; sa différence avec l'émail ne consiste pas dans sa translucidité, puisqu'il s'emploie aussi en opaque et coloré, en y ajoutant l'acide de plomb pour obtenir le jaune, de cuivre pour le vert, et le manganèse pour le noir.

n'était plus, pour ainsi dire, un art, mais plutôt un métier. Tous les maîtres vitriers s'en occupaient, puisque la cuisson et la préparation technique y jouent un grand rôle; seulement ils travaillaient d'après les dessins des maîtres peintres, quand les grands artistes peintres sur vitraux exécutaient eux-mêmes leurs propres cartons.

Habile émailleur et chimiste, Veit Hirschvogel jouissait également d'une grande réputation dans ces arts. Il n'est cependant pas l'inventeur, aussi peu que Lucca Della Robbia, de la faïence européenne, puisque nous verrons, à la suite de ces recherches, que l'invention, que je crois allemande, doit remonter bien au delà, tout au moins vers le treizième siècle.

Veit Hirschvogel le Jeune, fils du précédent, potier et peintre de vitraux, était célèbre comme graveur. Né en 1471, il est mort en 1553.

Auguste Hirschvogel, autre fils du vieux Veit, né en 1488, mort en 1560 (Jérôme Della Robbia partit pour la France en 1528), était, comme son frère, habile potier, peintre et graveur. Ses productions sont supérieures à celles des autres Hirschvogel. Possédant l'art de l'émaillerie à un haut degré, ses poteries sont recouvertes de beaux émaux. On croit qu'il fut le maître de Bernard de Palissy, né en 1510 à la Chapelle-Biron, et revenu d'Allemagne en 1539. Les ouvrages d'Auguste sont, en grande partie, *modelés à la main*. Voyageant plus tard en Italie, il communiqua son secret céramique aux Vénitiens. Marié dans cette ville, il s'y perfectionna dans l'art de la ciselure et de la fonte, et retourna à Nürnberg, où il imita alors la *poterie antique*, qu'il avait appris à connaître en Italie. On dit que cette imitation était tellement parfaite, que beaucoup de ses produits se trouvent aujourd'hui dans les musées parmi les vrais étrusques.

Abandonnant bientôt après ses ateliers à ses ouvriers compagnons, il se remit à voyager, parcourant la Hongrie, les Principautés et tous les pays héréditaires du roi Ferdinand, auquel il dédia grand nombre de planches gravées qui reproduisaient des vues et des paysages de ces pays. Il est connu comme l'auteur d'un ouvrage très-estimé à cette époque, traitant de la perspective et de l'emploi du compas, ouvrage qu'il dédia à son ami *Starcken*.

Hans Hirschvogel, un autre frère, est mort jeune, sans que l'on connaisse de ses ouvrages.

Sebald Hirschvogel, fils de Veit le Jeune, est né en 1517 et mort en 1589, riche et considéré; il avait la réputation d'un bon artiste.

La maison de cette famille existe encore à Nürnberg dans la Hirschelgasse. M. le conseiller Kolbe, directeur de la manufacture royale de porcelaine à Berlin, a fait l'acquisition, tout récemment, pour le musée céramique de la manufacture, à la vente de la collection Minutoli, d'un pot à anse de Veit Hirschvogel le père, de 1470. Ce pot authentique, payé dans le temps, à Augsburg, par M. Minutoli 50 florins, a été vendu au musée pour 83 thalers. Tout à fait dans le genre des majoliques italiennes, il s'en distingue cependant facilement par les nuances plus vives et plus belles de l'émail. Au-dessous d'une Crucification, on voit en trois niches trois figures représentant la Foi, l'Amour et l'Espérance, le tout en bas-relief, et recouvert de beaux émaux polychromes, parmi lesquels les verts se font reconnaître comme appartenant à l'école allemande. Au musée de Sèvres il y a un pot de ce genre des *continuateurs* des Hirschvogel.

Le musée germanique de Nürnberg possède une cruche, de 17 centimètres de hauteur, de ce même potier (Beilage, 10, Catalogue, fol. 28). Le travail en relief représente Adam, Ève, la Vierge avec l'enfant Jésus et plusieurs bustes en costume de l'époque, le tout entouré de fleurs et d'ornements. Deux autres cruches dans le même genre sont au musée national bavarois à München. Un carreau de poêle, en faïence polychrome d'une fort jolie ornementation, d'Auguste Hirschvogel, plusieurs bas-reliefs, ainsi qu'un pot à anse, sur la panse duquel se voit le relief de la fameuse médaille railleuse de la Réformation, frappée en 1517, à l'occasion de la publication par Luther de ses quatre-vingt-quinze propositions contre le dogme des indulgences, médaille qui porte les effigies du pape, d'un évêque, du diable et la tête d'un âne, font partie de ma collection. Le plus beau et le plus grand vase que je connaisse de ce maître appartient à l'antiquaire Pickert [1], à Nürnberg. L'ar-

[1] Cet antiquaire, qui demeure sur la place, vis-à-vis la statue

tiste a malheureusement placé en haut de ce vase des maisonnettes de mauvais goût qui font un vilain effet. L'énorme prix que le marchand demande m'a empêché d'en faire l'acquisition.

Une gravure de l'artiste, paysage, au musée de Berlin, et plusieurs autres de ma collection, ornements, portent le monogramme

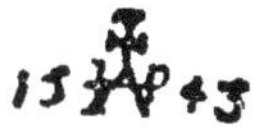

et les millésimes 1543 et 1545. Un beau vase, le n° 979 au musée Sauvageot, sur lequel l'artiste a reproduit le buste du roi Ferdinand (né 1503, † 1565), est même orné de la dorure.

Grand nombre d'autres ouvrages en faïence de l'école de Nürnberg, soit de la même époque, soit des époques antérieures ou postérieures, se rencontrent dans les musées et les collections de la Bavière et de la Prusse, ainsi que dans celles des autres pays allemands. Voici la note des plus remarquables que j'ai eu l'occasion de voir.

Au *Burg*, château et donjon, construit dans Nürnberg sur un rocher de grès par l'empereur Conrad III

d'Albrecht Dürer, tient en vente dans plus de 30 chambres et corridors une collection d'objets d'art de toutes espèces. — On peut visiter la collection en payant un droit de 24 kreuzer.

en 1030, on a placé dans les appartements royaux neuf magnifiques poêles :

Les poêles allemands de cette époque sont carrés de forme, ordinairement de deux mètres de hauteur sur un mètre de largeur et de profondeur. Ornés de corniches et de cannelures, ils sont montés sur plaques, qui reposent sur des pieds détachés, de sorte qu'ils ne touchent pas le sol. Le tuyau, caché derrière, fait que l'ensemble forme une belle construction régulière, ressemblant aux piédestaux des statues[1]:

1° Dans la galerie des tableaux se trouve le plus grand, provenant du château de Trauslitz, près Landshout. Travail en relief riche, du seizième siècle. Ses sujets en polychrome représentent des figures allégoriques des quatre parties du monde.

2° Dans la salle à manger, un poêle noir avec dorure, du seizième siècle.

3° Dans l'antichambre du roi, un poêle en émail vert monochrome à hauts-reliefs, de la fin du seizième siècle ou du commencement du dix-septième. Un carreau de poêle du même genre de ma collection porte l'année 1612, émaillée en creux dans la pâte.

4° Salle d'audience, un pareil avec dorure.

5° Dans la chambre du roi, un pareil sans dorure.

[1] M. Fleischhauer, à Nürnberg, fabrique ce genre d'anciens poêles : il a créé une série de moules originaux. Les poêles de cet artiste n'*imitent pas* les anciens. M. Fleischhauer n'a pas voulu contrefaire, mais créer.

6° Dans la chambre à coucher du roi, un magnifique poêle polychrome, du quatorzième siècle, tout couvert de figurines modelées à la main. Elles représentent des épisodes bibliques.

7° Dans la chambre à coucher de la reine, un poêle polychrome, du quinzième siècle, où les figurines, également modelées à la main, représentent Jonas, le Sacrifice d'Abraham, le Baptême du Christ, etc., etc.; le tout d'une exécution parfaite, et plus beau que tout ce que les Italiens ont jamais fait. C'est aussi la plus belle pièce du *Burg*.

8° Dans la chambre de la reine, un pareil poêle, mais un peu moins riche.

9° Dans le salon de la reine, un autre, du même genre, dont les sujets sont tirés de la mythologie.

Le *musée germanique de Nürnberg* possède aussi un poêle de cette espèce. En pur gothique, couvert d'armoiries en polychrome des chevaliers de la Franconie, entremêlé de saints, il doit être de la fin du quinzième siècle. M. de Heffner-Alteneck en a donné le dessin dans son ouvrage des objets d'art et meubles du Moyen Age et de la Renaissance. On remarque sur ce poêle un bel émail rouge.

M. Nadar a fait placer dans son atelier, à Paris, un poêle en faïence polychrome, émaillé et moulé, de Nürnberg, où les reliefs représentent des figurines de saints et des médaillons à bustes, en costumes de la fin du quinzième siècle. L'émail n'est pas beau et le modelage mal venu. On y lit le millésime 1521. Ce poêle n'est pas monté dans son style. La malheureuse idée de l'avoir placé sur un piédestal quand il devait reposer sur des pieds détachés, et le tuyau à la française au-dessus, lui ont enlevé le caractère et le style de l'époque. Il y a aussi dans la collection de M. Nadar plusieurs carreaux de la même provenance, ils sont des treizième et seizième siècles, en bel émail jaune et vert.

Au *musée national bavarois de München*, on trouve des carreaux de pavage en terre cuite émaillée, à dessins monochromes et polychromes du douzième siècle; un triptyque d'autel portatif en faïence, brun-chocolat, du quinzième siècle; un très-beau et curieux encrier dont les figures représentent Pyramus et Thisbé, du milieu du seizième siècle; un plat en polychrome, style italien, daté de 1599, dont le dessin représente Énée avec l'inscription allemande, orthographe de l'époque : « *Ainie, lieb gegen seinen Vaterland :* » Énée, aimant sa patrie; une cuvette à relief, Christ et Vierge, à fond bleu-de-ciel, pareil au bleu des Della Robbia; de plus, un poêle magnifique, en terre cuite, colorié *non émaillé*, à hauts-reliefs et rondes bosses, entièrement couvert de figurines de l'histoire de la Bible, et, en bas, des portraits en pied des membres de la famille patricienne à laquelle il a appartenu. Il porte le millésime 1589 et le monogramme R. A.

Des plats et assiettes, style italien, avec la marque H. F. (Hirschvogel fecit ?), et d'autres avec armes de la cour de Bavière, et le monogramme D. o. P.

Le musée de Berlin [1] sera particulièrement riche en petits modèles de ces sortes de poêles des quatorzième, quinzième, seizième et dix-septième siècles, provenant

[1] Les musées de Berlin sont peut-être les mieux classifiés de tous; la sollicitude et l'activité du savant directeur général, M. von Olfers, sont connues de tous les amateurs. Ces musées possèdent, dans leurs parties céramiques, de grandes richesses. En outre de l'énorme collection de faïences italiennes, parmi lesquelles beaucoup à reflets métalliques, 700 numéros, donc plus nombreuses que celles du Louvre, de Cluny et de Sèvres réunis, il y a aussi quantité de poteries et de faïences allemandes, qui tout dernièrement ont été encore augmentées d'une notable partie de cette collection Minutoli, acquise par le gouvernement au prix de 70,000 fr. — M. von Olfers a également obtenu la formation d'un musée céramique, historique et spécial, à l'instar de celui de Sèvres, qui doit faire partie de la manufacture royale de porcelaine à Berlin. Que M. von Olfers me permette cependant une observation sur la classification des terres cuites émaillées des Della Robbia. — Je ne puis approuver que ces ouvrages se trouvent dans une salle des sculptures. Je comprends que M. von Olfers les compte parmi les productions du *grand art;* mais enfin, en leur qualité de faïence, ils doivent se trouver parmi les cérames, où l'amateur les cherche toujours en vain.

Quant aux catalogues, composés par des personnes étrangères à l'administration des musées et connaissant imparfaitement les sujets qu'ils ont traités, ils ne valent absolument rien. Pour que ces catalogues puissent servir aux véritables amateurs et aux études, il faut que les conservateurs de chaque branche se chargent du travail.

Le catalogue des tableaux du Louvre, par M. Villot, restera toujours le plus beau modèle à imiter, pour les quatre parde la collection Minutoli. Les objets de l'acquisition faite à cette vente pour le musée ne sont pas encore placés.

Un de ces modèles de poêle en bel émail vert, du seizième siècle, fait partie de ma collection.

Sous les décombres du *Burg Tannenberg*, incendié

ties alphabétiques distinctes : les tableaux par écoles ; le tableau chronologique des peintres ; le tableau chronologique des peintres dont le Louvre possède des ouvrages; le tableau chronologique des peintres dont le Louvre ne possède pas d'ouvrage, chaque tableau accompagné de la biographie des peintres et d'une note critique, etc. Quant à la classification et aux attributions, celles du musée de Berlin sont préférables. L'œuvre de M. Waagen restera toujours une œuvre unique. Je dois signaler à cette occasion deux passages de deux livres bien différents sous le rapport du mérite artistique et littéraire. Dans le premier, se lit un passage qui fournit de curieux exemples de la facilité avec laquelle les meilleurs esprits peuvent s'oublier. Ce passage, étrange élucubration d'un patriotisme outré, le voici :

« Et la France, confiante dans les traités de 1814 et de 1815, traités qui consacraient formellement à deux reprises différentes *le respect des propriétés* publiques (!) et particulières, ne pouvait s'attendre à la violation des conventions solennelles par ceux mêmes qui, vainqueurs à leur tour, en avaient arrêté les articles à leur gré. Vain espoir, tout ce qui était notre *possession légitime nous fut ravi par la force,* » etc. L'auteur parle ici de la reprise par les alliés de leurs œuvres d'art que les armées françaises avaient enlevées, et dont une certaine partie avait été même détournée de sa destination et n'était jamais parvenue au musée national. Les Allemands, Belges, Hollandais, Italiens, Russes, etc., en reprenant leurs chefs-d'œuvre d'art, sans rien

par la foudre en 1399, on a trouvé dans des fouilles opérées récemment par ordre de S. A. R. le grand-duc de Hesse et du Rhin, grand nombre de débris de poêles gothiques en faïence fine, d'un émail vert et jaune, fabriqués au commencement du quatorzième siècle. Le docteur J.-H. de Heffner-Alteneck en a

emporter de la propriété française, *ravirent donc par la force une possession légitime*, selon la singulière morale de l'auteur.

Le second passage dont je veux parler se trouve dans un ouvrage sur *la Conservation et la restauration des tableaux*, qui ne me paraît qu'une longue réclame pour « *bien choisir son restaurateur*, » et où les hors-d'œuvre l'emportent continuellement sur le fond. L'auteur se permet de trancher du grand connaisseur de tableaux, et d'attaquer à cette occasion M. Waagen, le célèbre et savant conservateur du musée des tableaux de Berlin. Je ne me donnerai pas la peine de prendre ici la défense d'une pareille autorité.

L'histoire de l'art et la critique contemporaines ont rendu suffisamment justice à M. Waagen. Que dire du reste à cet auteur, qui cite M. Vernet comme le plus grand peintre français vivant? Je veux signaler seulement ici une grossière erreur commise sur l'histoire de la peinture allemande. L'auteur cite Schoen, de Colmar (qui ne s'appelle pas Schoen, mais Martin Schöngauer), de 1420, comme le plus ancien peintre allemand, quand on connaît déjà des peintres allemands aux troisième et quatrième siècles, peintres d'où dérive même le nom en vieux allemand *Schilder*, aujourd'hui *Maler*, et le verbe *schildern, malen*, peindre. Ces premiers peintres avaient commencé par peindre les boucliers, *Schilder* (de l'hébreu *Schelet*), et, de perfectionnements en perfectionnements, ils étaient arrivés vers le septième siècle aux tableaux chrétiens de la première époque.

publié les dessins dans l'ouvrage « *Le Château de Tannenberg et les fouilles qui ont été faites dans ces ruines, travail rédigé par ordre de S. A. R. le grand-duc. Keller, Francfort-sur-Mein*[1]. » Cette monographie contient aussi une description des cruches de for-

[1] ***Les Costumes du Moyen Age chrétien***, d'après des monuments artistiques contemporains, objets d'art et meubles du Moyen Age et de la Renaissance; ***le Livre des Tournois de Jean Burgkmaier***, d'après les règlements de l'empereur Maximilien Ier; ***le Château de Tannenberg*** (déjà mentionné), sont les ouvrages illustrés de cet auteur, qui lui ont valu une réputation européenne. Toutes les publications périodiques anglaises en ont parlé avec le plus grand éloge. La contrefaçon s'en est malheureusement emparée depuis en France, où plusieurs de ses chefs-d'œuvre ont été maladroitement copiés avec fausse signature. Le mérite des ouvrages de ce savant professeur ne consiste pas seulement dans l'exécution scrupuleuse et artistique des dessins. Sa connaissance exceptionnelle de la vie intime, des costumes et des artistes du Moyen Age et de la Renaissance, font de ses publications des *autorités* que l'archéologue peut consulter comme un oracle.

Il y a peu d'artistes, et j'ose même dire qu'il n'y a personne qui connaisse autant le Moyen Age que M. de Heffner-Alteneck. C'est une âme égarée dans notre siècle de locomotives. Compatriote des *Rauchebart* et des *Götz ven Berlichingen*, il est aussi de leur époque. L'art gothique, dans ses moindres détails et ses symboles les plus abstraits, lui est aussi familier qu'à un prote ses casiers. J'ai eu l'occasion d'admirer les connaissances extraordinaires de cet archéologue, à son dernier passage à Paris, où nous avons visité ensemble tous les musées. Un simple clou, une boucle, un trait de gravure, une pièce détachée d'une armure, la forme d'un bouclier ou la conformation d'une chaus-

mes romaines, mais fabriquées en Allemagne également au commencement du quatorzième siècle. Ceci est un fait très-remarquable et qui prouve que l'archéologue doit se garder de juger trop d'après la forme [1].

Les colliers en terre cuite émaillée, de fabrication allemande, trouvés en grande quantité à Augsburg dans des tombeaux des premiers chrétiens des quatrième et cinquième siècles, ressemblant tout à fait aux parures égyptiennes, sont une découverte analogue.

A l'hôtel de ville d'Augsburg, on admire trois énormes poêles en émail noir, d'une construction monumentale; ils sont ornés de belles et grandes figures en haut-relief. C'est l'ouvrage d'Adam Vogt, de 1620.

Dans la collection de la Société historique de la même ville, il y a des assiettes aux armes de la famille von Stetten, avec des vers allemands, sur l'une :

« Aufrichtig und redlich
« Ist besser als falsch und höflich. »

sure de fer, un rien enfin lui suffisait à la première vue pour la classification de l'époque et du pays.

Grand connaisseur aussi des contrefaçons et des faux, il les signale dans les collections instantanément.

C'est à cause de ces vastes et infaillibles connaissances que les gravures historiques de M. d'Alteneck sont si estimées et si recherchées pour les musées. M. Dielitz, secrétaire général des musées de Berlin, est cependant l'homme en Allemagne qui connaît le mieux la science du blason.

[1] Ces poteries se rapprochent des poteries gauloises décrites par M. Tudot, dans l'ouvrage remarquable que j'ai déjà eu l'occasion de citer plus haut.

(La franchise et l'honnêteté sont préférables à la fausseté et à la politesse) ;

sur l'autre :

« Ein frommes gutes weib
« Erfreut dem mann das herz im leib. »

(Une femme pieuse et bonne réjouit le cœur de l'homme.)

Des colliers, bracelets et autres parures de femmes en terre cuite coloriée, genre mosaïque, dont je viens de parler, provenant des tombes chrétiennes des quatrième et cinquième siècles.

La collection de M. Soyter, exposée également dans l'hôtel de la Société historique d'Augsburg, possède trois tuiles de formes obscènes en terre cuite émaillée du treizième siècle. Ce sont des figures et têtes bizarres de style gothique; elles proviennent d'une maison de Wittenberg.

Il y a aussi dans cette collection deux remarquables carreaux de poêle à figurines, entièrement modelés à la main. Ils ont fait partie du poêle de l'hôtel de ville de Nordlingen, de l'année 1520. Un joli fragment de ce même poêle, un lion enchaîné, recouvert d'émail vert et jaune, que M. Soyter m'a cédé, fait maintenant partie de ma collection.

Le poêle le plus beau connu cependant, poêle du quinzième siècle, qui existe encore sur sa place primitive, est au château de la ville de Salzburg. Un amateur anglais en a déjà offert trente-six mille francs.

Les fouilles opérées récemment dans le jardin de l'ancien couvent des Carmélites à Augsburg, qui appartient actuellement aux frères bénédictins, ont fait découvrir quantité de figurines en terre cuite, presque toutes cassées et défectueuses de fabrication. On les croit provenant des rebuts d'une fabrique qui y a existé vers 1420 à 1460 : cette découverte est précieuse pour l'étude des costumes. Elle prouve aussi, une fois de plus, que les artistes allemands de cette époque n'avaient rien à apprendre des Italiens, quant au modelage. On y a trouvé des figurines équestres de chevaliers courant le tournoi, la lance au poing et la visière baissée; d'artisans, d'hommes de guerre et de châtelaines, de Vierges, d'enfants Jésus et de femmes enceintes nues, dans le goût des gravures de Beham et de Dürer, le tout d'un admirable travail. Plusieurs de ces figurines sont au musée de Berlin, ainsi que dans ma collection.

A cette époque, les statuettes de femmes nues enceintes servaient de cadeau aux nouveaux mariés, bénis par l'Église; elles étaient déposées dans les temples; dons votifs (pareils aux béquilles des paralytiques), auxquels on attribuait la vertu de la fertilité, comme les Romaines l'attribuaient aux priapes qu'elles portaient suspendus au cou.

Plusieurs faïences allemandes assez curieuses sont conservées au château de Heidelberg, où on trouve aussi quelques remarquables pièces dans la collection d'un M. Charles de Graimberg [1].

[1] Que le voyageur se garde bien d'acquérir le *Guide des*

En bas de l'escalier de ces ruines, 5, Kurzer Buckel, il y a le cabinet de curiosités d'un vieillard, nommé Schlagenhauff, que l'on peut visiter pour quelques kreutzer. L'amateur y trouvera plusieurs remarquables grès de Cologne, et en *fait de curiosité le vieux collectionneur lui-même*, vieillard de plus de cent ans, — menteur émérite, se disant ancien soldat de la république française. Il ne cesse pas de raconter ses épisodes de guerre, — vrais ou imaginaires, — particulièrement amusants quand il débite ses récits de la célèbre retraite de Moreau et de la chasse donnée à cette occasion *aux fromages* (c'est ainsi qu'il appelle les Hollandais). Sa croyance dans les miroirs d'acier de Napoléon Ier pour brûler les flottes anglaises me paraît plus robuste que sa foi religieuse.

Au nombre des manufactures allemandes de porcelaine et de faïence du dix-huitième siècle, déjà si nombreuses, il y en a encore une à ajouter, dont l'existence était ignorée jusqu'à ce jour.

C'est la fabrique de Christoph Marz, né en 1660 et mort en 1731, et de Johann Conrad Romedi, mort en 1720; fondée en 1712 à Nürnberg, elle fut vendue, après la mort de Marz, qui eut lieu le 18 mars 1731, et ne produisit depuis que de la mauvaise vaisselle en terre de pipe grisâtre, sans aucun décor; elle cessa complétement sous la direction d'un nommé

voyageurs dans la ruine de Heidelberg de ce monsieur, c'est une réunion du plus affreux galimatias qui n'apprend rien à l'étranger.

Strang, à la fin du dix-huitième siècle ou au commencement du dix-neuvième.

La certitude de l'existence de cette fabrique de faïence de Nürnberg et l'exactitude des dates me sont acquises par une plaque que j'ai trouvée dans cette ville même; carrée, décorée en camaïeu bleu aux armes de Christoph Marz, elle porte l'inscription suivante :

« Herr Christoph Marz, anfänger der allhiesigen porcelaine-fabrique, anno 1712, natus anno 1660, den 25 december. Donatus anno 1731 den 18 märz. »

Le musée de Sèvres possède depuis longtemps une cloche en faïence décorée également en bleu camaïeu aux armes de Nürnberg, avec l'inscription : « Christoph Marz, Johann Jacob Mayer, des H. R. Stadt Nürnberg, 1724, Ströbel; » mais on ne savait pas si cette cloche était positivement faite à Nürnberg même, et laquelle des trois signatures était celle du fabricant, puisque Nürnberg a sans doute possédé nombre de fabriques.

Quant à la découverte de la porcelaine en pâte tendre, de cette même manufacture, en 1712 (ainsi vingt-huit ans antérieurement à celle de Sèvres), elle est due à M. von Olfers, le savant directeur général.

C'est lui qui a acheté les six plaques ovales d'au moins 75 centimètres, en porcelaine de pâte tendre et décorées en camaïeu bleu; elles ont été placées dans la salle des majoliques au musée de Berlin. Saint Marc, saint Matthieu, saint Luc et saint Jean forment les sujets du décor de quatre (583 à 586); les deux autres (581 et

582) représentent les portraits des deux inventeurs ou plutôt fondateurs. Au revers de la plaque 581 on lit en bleu au grand feu :

« Herr Christoph Marz, Anfänger dieser alherlichen Nürnbergeschen porcelaine-fabrique, an. 1712. Atetes sux 60. Georg Michael Tauber. pinxit A. 20. O. 22. Nürnberg ano 1720, » ce qui dit en français : M. Christoph Marz, commençant (fondateur) de cette magnifique fabrique nürnbergeoise de porcelaine, an. 1712. Georg Michaël Tauber, peint. 1720.

Au revers de la plaque 582, se trouve :

« Herr Johann Conradt Romeli, anfenger dieser allhiesigen porcelaine-faberique, an. 1712. In gott verschieden, an. 1720. » Atates sua 1672, Nürnberg, Georg Tauber, Bemahlt, ano 1720, 22 novembre; ou, en français : M. Jean Conrad Roméli, commençant (fondateur) de cette fabrique indigène de porcelaine, l'an. 1720; décédé en Dieu l'an. 1720, Nürnberg. Georg Tauber. peint. an. 1720, 20 november.

Les deux mots anfenger et anfänger voulant dire tous les deux commençant, sont d'une orthographe différente, et le mot Bemahlt (peint) contient un *h*. Le mot porcelaine est également écrit de différentes manières, de sorte que toute l'orthographie prouve le peu de certitude des règles à cette époque.

La plaque de faïence de ma collection et les six plaques du musée de Berlin, avec leurs inscriptions, forment donc une biographie authentique et précieuse des deux potiers et de leurs peintres.

Voilà ce que l'on connaît de nouveau sur la céramique nürnbergeoise. Cependant j'ai encore fait une autre découverte qui n'a pas moins d'intérêt pour l'amateur et pour l'histoire artistique. Un célèbre artiste du dix-septième siècle, connu seulement jusqu'ici par ses décors sur verre, s'est occupé également de la fabrication et de la peinture de faïence.

Johann Schapper, né à Harburg, vis-à-vis Hamburg, vers la fin du seizième siècle, florissait de 1620 à 1670. Peintre renommé sur verre à vin, à peinture fixée au four, peintre et potier de faïence, ses œuvres ont en Allemagne une grande et légitime réputation. Ces peintures sont en camaïeu noir, d'une finesse extrême et d'une exécution minutieuse, souvent signées J. Schapper, en écriture microscopique et lisible presque seulement à la loupe. Un verre peint par ce maître se paye jusqu'à cent francs; un des pots à bière en faïence d'une belle blancheur, autant. Mort le 3 février 1670, ses élèves ont produit à la même époque de fort jolis ouvrages dans le genre du maître, mais sans signature. Ces pièces sont également recherchées et se vendent presque aussi cher que celles de Schapper lui-même. La touche artistique et pleine de génie du maître ne se rencontre cependant pas dans les œuvres des continuateurs. Les « Historische Nachrichten von Nürnbergische mathematicis und Künstlern von Johann Gabriel Doppelmayer » Nürnberg, chez Conrad Monaths, 1730, disent de lui :

« Johann Schapper. Glasmahler, geburtig aus Harburg, einem an der Elbe nicht weit von Hamburg gelegenen Orth, hatte vor andern in dieser Kunst was besonders, das er sowohl auf die trinkgläser als auf die Krüge von porcelaine gar delicat mahlte und hernach mit gutem Vortheil solche Stücke zu brennen, da es ihm bis hero fast niemand hierin gleiche gethan, annoch von denen Künslern enden sehr aestimirt werden. Er starb 3 feb. 1670. »

Quant à la porcelaine à pâte tendre, dont la première est généralement attribuée à la fabrique de Florence sous les Médicis, vers 1581, et qui marquait ses produits du dôme de Florence et d'un F (voir mon *Guide*, page 159), je suis sur la piste d'une fabrique allemande qui doit avoir existé dans ce pays dans la première moitié du seizième siècle et qui donnerait donc à l'Allemagne la priorité pour la porcelaine tendre [1].

[1] Aux fabriques indiquées déjà, il faudrait ajouter deux nouvelles : une pour la porcelaine tendre, l'autre pour la faïence, toutes les deux hollandaises.

Dans les « *résolutions* » (arrêts) *des états généraux de l'année* 1614, *sous la date du* 4 *avril*, on lit : « *Brevet d'invention de cinq ans pour tous les Pays-Bas, accordé à Claes Ians. Z. Wytmans, natif de Bois-le-Duc, pour la fabrication de toutes sortes de porcelaines, pareilles en matières et en décors à celles des pays étrangers.* »

On doit cependant observer ici que le mot porcelaine s'employait souvent à cette époque pour désigner toutes les sortes de poteries émaillées et particulièrement la faïence. D'un autre côté, les fabriques de Delft fonctionnaient déjà depuis 1530 pour

Mais il ne s'agit pas pour l'instant de tout cela. Il ne s'agit plus seulement des Hirschvogel et de Nürnberg. Une œuvre plus capitale, et qui dépasse de beaucoup en *dimension* et *priorité* les ouvrages de poterie *émaillée* de tous les pays, m'a été révélée à mon dernier voyage à Breslau, capitale de la province prussienne de Silésie. Cette œuvre prouve par sa date même que l'Allemagne du Nord a produit des terres cuites émaillées en grande sculpture deux cents ans avant les Italiens. C'est dans le *Kreutzkirche* (église de la Croix), bâtie en 1280 sur une crypte, que se trouve le monument. Ce tombeau du duc Henri IV de Silésie, fondateur de l'église, fut érigé après sa mort en 1290. Dans la forme d'un sarcophage, on y

la fabrication des faïences, ce qui rend inadmissible un brevet accordé pour la fabrication de cette poterie.

Dans tous les cas, la fabrique ne peut pas avoir existé à Bois-le-Duc, puisque cette ville n'appartient à la Hollande que depuis 1629.

Ce même Wytmans avait déjà obtenu, en date du 9 janvier de la même année, un brevet de 20 ans pour la fabrication des verres, pour lui et pour sa compagnie constituée.

Quant à la fabrique de faïence, voici ce que j'ai trouvé.

Un savant israélite Allemand, de Breslau, nommé Hartog, et connu sous le nom adoptif de Hartog Van Laan, associé à un autre, nommé Brandeis, avait établi une fabrique de faïence vers 1780 au « *Flacke-Feld*, » près la porte de Weesp à Amsterdam. La fabrique cessa vers 1785. La faïence est lourde, peu artistique et généralement en décor camaïeu bleu. — Elle est aujourd'hui introuvable. Un saladier, dernier vestige, que

voit la figure en pied et de grandeur naturelle du duc, couché en cotte de mailles et de cohardi, orné des aigles silésiennes et recouvert du manteau d'hermine. Coiffé du diadème ducal, la main droite tient le glaive et la main gauche l'écusson aux armes de sa maison. Autour l'inscription latine : « Hen. quartus, mille tria C. minus X. obeiit ille egregiis annis Silesiae Cracov. Sandomiriae Dux nocte Joannis : » Henri IV, mort en 1290 dans la nuit de Saint-Jean, à la fleur de l'âge,

le fils de l'ancien potier Brandeis, âgé lui-même déjà de quatre-vingts ans, m'a cédé, est marqué

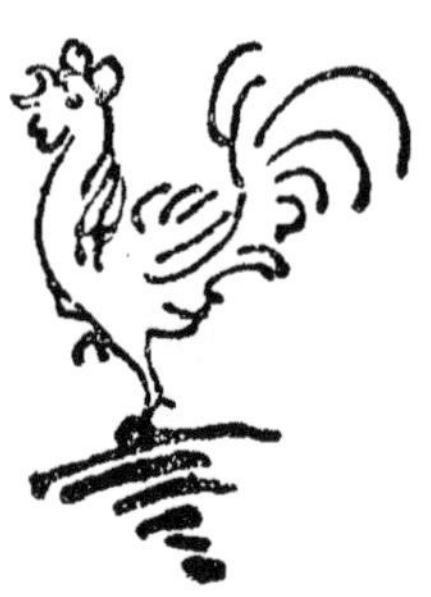

Hartog Van Laan, savant linguiste, d'abord peintre sur porcelaine et fabricant de faïence, s'adonna plus tard au confectionnement d'instruments scientifiques. Il est l'auteur du Planetarium de la Société Felix-Meritis, à Amsterdam, œuvre remarquable que le professeur Van Swinden a décrite. Van Laan est mort dans sa quatre-vingt-cinquième année, le 2 mars 1813.

C'est la place aussi de quelques rectifications d'une erreur d'impression et d'une fausse classification, quatre fautes qui se sont glissées dans mon *Guide*.

Page 118, aux faïences fines de Suède, il faut lire : *Stockholm.*

comme duc de Silésie, de Cracovie et de Sandomir. La tête de la statue couchée est naturelle et vraie d'expression. Les plis du manteau, creusés très en avant, dénotent une grande hardiesse et de la sûreté dans la cuisson. Les détails sont minutieux et d'après nature; les couleurs des émaux, belles et vives. Le rouge, d'une grande vigueur, et le vert qui domine,

A Rorstrand, tout près de la capitale, fut d'abord établie la fabrique, qui plus tard fut transportée et réunie à celle de Stockholm.

Page 109 n'est pas la marque de la fabrique de M. de Beyerlet, mais celle de Marieberg, près Stockholm, établie par M. Erenheick.

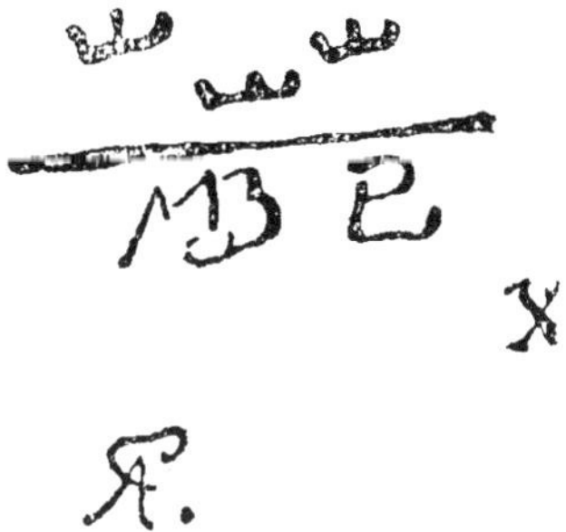

Page 154. *La porcelaine de la Tour*, dont l'origine était dou-

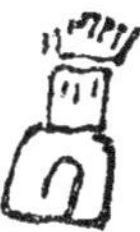

teuse, vient d'être fixée définitivement comme produit de Tournay (Doornick, en Belgique).

Je dois ces trois rectifications à M. Riocreux, qui a obtenu

sont de la même nuance que ceux de l'école de Nürnberg. L'ensemble de l'œuvre est exécuté dans le style du premier gothique allemand. Le nom de l'artiste est inconnu. C'est là, certes, la plus grande sculpture connue en terre cuite émaillée. Voilà donc une œuvre allemande incontestable du treizième siècle. Devons-nous nous arrêter là? Je ne le pense pas. L'Allemagne a déjà connu la fabrication de la terre cuite coloriée et

les deux premières tout dernièrement d'un voyageur suédois qui est venu visiter le musée de Sèvres. Me fiant sur l'exactitude des renseignements pris à ce musée, concernant l'origine des épis en terre cuite vernissée (espèces de tourelles de formes fantastiques que l'on attachait en haut des pignons des maisons), dont le musée possède un exemplaire que l'on a classé, d'après une inscription sur l'épi et d'après une lettre dictée sans doute par un de ces amours-propres de clocher, comme produit du potier Malicorne de Pont-Valin en Normandie, du dix-septième siècle; j'ai répété l'erreur dans mon *Guide*. Tout cela est faux. *Malicorne* est un village près Pont-Valin, dans la *Sarthe*, où l'on fabrique, ainsi qu'aux villages voisins de Ligron et de Pont-Valin, le chef-lieu du canton, toutes sortes de poteries vernissées. L'épi de Sèvres, signé *Malicorne-Pont-Valin*, provient donc de la Sarthe et non pas de la Normandie; sa fabrication ne remonte qu'au dix-huitième siècle et non pas au dix-septième, et Malicorne est le nom d'un village et non pas d'un potier. M. Thoré (Bürger) possède une tasse en terre vernissée, forme canard, d'une de ces fabriques, qui porte la marque en relief dans la pâte I. G.

Comme le chapitre des émaux, dans la seconde édition de mon *Guide*, sera aussi augmenté d'une description sommaire des émaux de tous les musées d'Allemagne, travail dont je m'occupe déjà, j'ai pensé que la description des émaux de Limoges, du

vernie au quatrième siècle et au cinquième, comme les parures des tombeaux chrétiens de la collection de la Société historique d'Augsburg le démontrent. Le grès s'y est fabriqué déjà au huitième siècle, sa première faïence en terre cuite émaillée doit également remonter vers ces époques. Satisfait du résultat de mes dernières recherches, il me reste encore bien des musées et bien des archives en Allemagne à fouiller.

musée de Braunschweig (Brunswick), dont la formation offre un intérêt tout particulier pour la France, intéressera assez l'amateur pour que je puisse déjà l'ajouter ici.

Tavernier, célèbre voyageur, né à Paris en 1605, fils d'un marchand de cartes géographiques d'Antwerpen (Anvers), puisa dans la profession de son père le goût des voyages, qui le poussa de bonne heure, après avoir parcouru presque toutes les parties de l'Europe, dont il parlait toutes les langues, à visiter l'Asie. La science a tiré parti de ses dernières voyages. On connaît de lui : *Voyages en Turquie, en Perse et aux Indes*, où les faits sont racontés avec une grande véracité. Pour se défrayer en voyage, il avait entrepris à la fin le commerce des pierreries précieuses, et acquis une immense fortune. Reçu à la cour de Louis XIV, il faisait grande maison à Paris, au point que sa fortune ne suffit bientôt plus à ses besoins. Le reste de ses richesses lui fut enlevé par la mauvaise foi de son propre neveu, auquel il en avait confié la plus grande partie, employée à l'achat d'une immense pacotille de marchandises, destinée à la reprise de son commerce avec les Indes, afin de relever sa fortune par les bénéfices que la vente de la pacotille devait procurer.

La collection des émaux de Limoges du musée de Braunschweig provient de ce Tavernier, qui les avait destinés au schah de Perse. Cette collection a été achetée, après la mort de

J'apporterai bientôt d'autres documents, si nécessaire pour une histoire définitive des céramistes de l'Europe, et j'espère que la seconde édition de mon *Guide* contiendra le complément des faïences et porcelaines allemandes.

L'Italie, aussi bien que le reste de l'Europe, a suivi, pour les faïences et les émaux, l'école allemande [1], qui,

Tavernier, par le duc Anton Ulrich de Braunschweig, à son passage en Suisse, à Eaubonne, terre de Tavernier. Ce sont 216 pièces, en partie œuvres d'artistes, en partie objets de *fabrique*. La plupart des émaux signés portent le monogramme *P. R.* (Pierre Raymond, 1550 à 1622). Il y a entre autres douze petites assiettes, dont les sujets représentent la Juridiction de Moïse, marquées *P. R.*, 1569; une coupe, le Jugement de Pâris, marquée aussi *P. R.*, 1554; une autre coupe, Esther priant pour son peuple, signée Jean Limousin (Johan Limousin, peintre du roi, 1610 à 1630); une coupe sur pied, le Veau d'or, *P. R*, 1570; quatre plaques, dont le sujet d'après la Psyché de Raphaël, signées Jean Limousin, 1571; un Saint François, de la même signature, une coupe sur pied, avec son couvercle, par Johan Court, dit Vignier, 1555; une autre, armoriée et à devise : *De sorti devicati*; une pareille, le Jugement de Pâris, signée P. Corteys; onze médaillons, représentant des empereurs romains, tous signés : Laudin, émailleur, au faubourg de Magnine, à Limoges, *D. L.*; une bataille, au monogramme *HP* (sans doute Poncet Hélie, 1552-1660), et un sujet représentant le Christ enseignant au Temple, etc.

[1] Les *faïences musulmanes à reflets métalliques* doivent être classées parmi les productions d'origine non européenne, et n'ont opéré aucune influence sur la fabrication de cette partie du monde. Les poteries *sicilo-arabes*, fabriquées par les Arabes

plus tard, s'est répandue directement dans les Flandres, en Hollande, dans le nord de la France, en Suisse, en Angleterre, en Danemark, en Suède et en Pologne, où les premiers établissements ont été fondés par des Allemands. Elle a été suivie indirectement en France et en Russie. La France avait adopté pour ses productions, dans ses fabriques du Nord, les procédés de la branche hollandaise. Quant aux Flandres, il est vrai que Cyprian Piccolpassi parle dans son traité, écrit vers la fin du seizième siècle, d'un céramiste nommé Guido de Savino qui se serait rendu vers cette époque à Antwerpen (Anvers); mais toutes mes recherches dans les Flandres mêmes ne m'ont fait découvrir *la moindre*

en Sicile sous les dynasties aglabites et fatimites, depuis l'invasion de 827 jusqu'à leur expulsion en 1090, par Roger le Normand, qui prit alors le titre de grand comte de Sicile, aussi bien que les poteries *hispano-mauresques*, qui ne datent que de 1200 à 1609, époque où les Maures furent bannis de l'Espagne, ont rarement passé à ces époques les circonscriptions locales, où l'absence de relations de commerce et de communications leur devait assigner une action restreinte; lourdes de formes, disgracieuses et sans variations, elles n'ont pu servir de modèles, ni les potiers d'émules, aux céramistes de l'Europe. En rapprochant les dates, on voit que les potiers allemands des mêmes époques étaient déjà bien plus avancés dans l'art céramique. Le reflet métallique a été obtenu aussi bien d'abord par les Allemands qu'après eux par leurs disciples, les Hollandais. C'est un vernis composé d'or, en très-petite quantité, appliqué à tout petit feu, comme la dorure de nos jours. Le cuivre ne peut pas servir, puisqu'il tourne au vert ou se brûle.

trace qui confirmerait ce dire, et je pense qu'il est impossible de donner cette unique citation comme preuve[1]. Le livre de Piccolpassi, fort curieux du reste, a été traduit avec beaucoup d'art dans la langue de Rabelais par M. Popelin, peintre d'histoire. « Les troys livres de l'art du potier, esquel se traite non seulment de la practique, mais briefvement des auster secrets de ceste chouse qui iouxte mes huy a estée tousiour tenue célée. Du cavalier Cyprian Piccolpassi, durant oys translatés de l'italien en langue francayse par maistre Claudius Popelyn, Parisien. » Voici comment M. Popelin a rendu en vieux français ce passage qui est relatif à ce Savino : « Dans la marche d'Ancosne, la terre de cave se travaille en main et endroit, en main et autre la terre fluviane ; a Gènes i'ay ouy dire que se travaille la terre de cave; a Lyon celle du Rhone, es Flandres, celle de cave. J'entends à Anvers, où porta c'est art un certain Guido de Savino de ce pays-cy, et le mainctiennent mes huy ses fils, » etc.

Des ouvriers de Delft, établis d'abord en Belgique, et plus tard à Lille en 1708, ont fondé également, sous la direction de Poirel de Grandval, vers 1666, la première fabrique rouennaise, et d'autres ouvriers hollan-

[1] Il n'y a pas trace à Antwerpen de ce Savino, et à Lyon on n'a pas fait de faïence à cette époque. Il se pourrait donc que Piccolpassi ait voulu tout simplement parler de poterie ordinaire ou vernissée, ou que son ouvrage publié pour la première fois en 1858 soit un travail apocryphe.

dais, en 1673, une seconde sous la direction de Poterat de Saint-Sever. Quelques archéologues croient que Poirel de Grandval avait plutôt adopté les procédés de la branche italienne.

Cependant le plat, propriété de M. Baudry, à Rouen, qui est signé Claude Borne, 1736, et décoré en partie dans le goût italien, me confirme, au contraire, que cette fabrique est d'origine hollandaise, puisque Delft a souvent fabriqué des plats dans ce mélange de style, et même quelquefois dans le goût italien pur, comme le plat marqué S et 1633, et une cuvette et buire de ma collection le démontrent. Les fabriques de Delft ont fait tous les genres, et dans aucune autre manufacture on n'a tant varié. L'autel portatif du musée de Sèvres, signé Féburier Borne, 1716, ouvrage de la fabrique hollandaise de Lille, autel sur lequel ne se trouve aucun indice du style italien, ne laisse presque plus de doute sur l'origine de la fabrique de Poirel. Ce Féburier Borne de l'autel portatif est certes un frère ou parent de Claude Borne, le signataire du plat de M. Baudry.

Bernard de Palissy et les fabriques du nord de la France ont suivi *directement* l'école allemande. Nevers, Moustier, Marseille et les autres fabriques du Midi ont reçu leurs secrets céramiques, pour la plupart, de la branche italienne. Toutes les fabriques de faïence française du dix-huitième siècle ont incontestablement imité, soit dans les formes, soit dans les décors, la porcelaine de Meisson, qui avait donné l'impulsion artistique au dix-huitième siècle. Les fabriques du nord de la France ont été plus heureuses dans leurs formes, qui sont quelquefois aussi belles que celles du Saxe et même que le *Höchst* du temps du célèbre sculpteur *Melchior de Mainz* (Mayence), figurines les plus belles de toutes les anciennes fabriques d'Allemagne, sans excepter Meissen. Dans le midi de la France, on a excellé dans les dessins de l'ornementation, où le goût français domine. Les sujets des beaux plats de Moustier sont malheureusement tous copiés, calqués par le poncif, ce qui fait qu'ils se répètent et n'offrent pas de caractère. Les faïences, dites de Henri II et de Diane de Poitiers, sont d'origine inconnue; elles peuvent être aussi bien de fabrication italienne que française; le voile qui couvre leur naissance n'est pas encore levé, et tous les articles qui paraissent continuellement dans les revues sur ce sujet ne contiennent rien que des suppositions et appréciations personnelles et oiseuses. Nevers, après avoir suivi la branche italienne qui y avait fondé les premières fabriques, subissait l'influence japonaise, introduite dans la fabrication par les Hollandais.

La fabrication de la faïence a été introduite en Russie par Pierre le Grand, et c'est là encore la branche hollandaise qui a été adoptée. Le czar, pendant son séjour à Saandam, avait embauché des céramistes de Delft, qui se rendirent à ses frais à Pétersbourg, pour établir des fabriques dans les environs.

D'où est venu aux Allemands le secret céramique? l'ont-ils vraiment inventé, comme tout le fait supposer, ou l'ont-ils reçu de l'Asie? Questions difficiles à résoudre. L'avenir l'apprendra peut-être.

Il se peut qu'il leur soit venu de la Perse, où déjà, vers 750, on fabriquait de la poterie fine émaillée. *Cachel*, carreau de poêle, en allemand, dérive du persan, et il y a peut-être là une filière à suivre. N'oublions pas cependant les colliers et bracelets d'Augsburg, en terre cuite émaillée, de fabrication allemande du cinquième siècle. On voit que tout cela demande beaucoup de précautions et plus qu'une routine.

En dehors du groupe de ces singuliers collectionneurs qui par pure vanité encombrent leurs appartements d'objets spéciaux devenus rares et chers, les recueillant sans discernement et sans amour pour l'art, pourvu que ces pièces portent des *marques* qui puissent prouver au premier venu la provenance de la fabrique favorite, il y a aussi des amateurs illettrés et même quelques auteurs peu instruits qui croient à l'absolue nécessité d'une marque, d'un monogramme ou d'un chronogramme quelconque pour la classification de l'exemplaire; la formation de l'histoire d'une branche d'art, et particulièrement de la faïence, leur paraît autrement impossible. Si on voulait admettre un pareil raisonnement, l'archéologie ne serait plus une science, mais tout simplement un métier de classification mécanique qui demanderait un peu de mémoire et aucune étude. C'est quand ces signes faciles manquent sur l'œuvre, que la science aime de préférence à s'en occuper pour y répandre sa lumière. C'est à la manière de la fabrication de l'objet céramique, à la lourdeur ou à la légèreté de sa pâte, à la qualité et à la nuance de son émail, à la dureté et à la blancheur de la terre cuite, aux nuances particulières de certaines couleurs, et avant tout à la forme et au dessin du décor, qu'elle doit reconnaître l'origine et le temps de sa création. Ce sont principalement les dessins qui indiquent la main de l'artiste et le siècle, puisque l'homme rompu à ces sortes d'études se trompe rarement sur les *époques* de la fabrication d'une faïence postérieure au treizième siècle, quand la forme et le style des ornements, ou les costumes des personnages de la peinture et du modèle peuvent le guider.

Les vrais amateurs d'art comprennent trop bien la valeur des recherches archéologiques pour ne pas sentir toute l'importance de la question qui nous occupe ici. Ce ne sont que des personnes à sentiments vulgaires, quoique instruites, qui ne peuvent pas comprendre le prix que l'amateur attache aux objets d'art et de curiosité anciens, et particulièrement à ceux provenant des époques du Moyen Age et de la Renaissance. S'imaginant que l'objet n'est recherché qu'à cause de son ancienneté, ils ignorent complétement que le *style* d'une époque, bien marqué par la forme ou par le dessin, en fait le principal mérite. Il faut qu'en outre sa valeur *artistique* soit incontestable, sous un rapport quelconque. Les ressources que la collection bien entendue offrent pour les recherches historiques passent inaperçues devant le visiteur désœuvré. Les petites œuvres de l'art gothique et de la Renaissance sont les plus précieuses, à cause de leur cachet individuel. Les *fabriques* étaient rares à cette époque où la patience et l'amour-propre de l'artiste devaient tout tirer de ses mains et de son cerveau, sans pouvoir profiter d'un aide mécanique. C'est aussi la cause que le nombre de chaque espèce est restreint, et que l'on trouve rarement deux objets tout pareils, si ce n'est là où le *moule* était utilisé. On comprend donc que la valeur pécuniaire doit être aussi plus grande pour les objets de curiosité de ces deux époques. L'art gothique allemand porte plus que tout autre son cachet original et individuel.

Quand l'amateur et l'homme d'étude se montrent quelquefois indifférents et froids envers les productions d'art de nos jours, ce n'est nullement par *genre* ni par *manie*, comme le vulgaire le croit ; c'est uniquement parce que notre époque n'a pas encore trouvé son style, et parce qu'elle confond et mélange tout. C'est que le plus grand nombre des artistes n'ont plus de foi et se soucient médiocrement de l'immortalité. Vivre et jouir, c'est tout ce qu'ils ambitionnent !

De l'ère chrétienne, tout ce qui n'est pas gothique, ni du temps de la Renaissance, sans excepter les productions bizarres de la fin du dix-septième et du dix-huitième siècle, manque de style. Les Byzantins et les Maures ont eu du style, mais pas de goût ni de variation. L'art des autres époques est, comme je l'ai déjà dit, un composé d'imitation et de mauvais goût. Le grotesque domine dans les styles dits de Louis XIV et Louis XV, styles et époques que les artistes ont appelés avec beaucoup d'à-propos *les styles et les époques des perruques*. S'il y a des exceptions parmi ces œuvres, elles sont trop rares pour pouvoir changer l'appréciation générale.

L'ordre chronologique de toute la céramique auquel je me suis arrêté, et qui sera suivi dans mon nouveau *Guide*, est l'ordre suivant :

		Avant J.-C.
Les poteries	indiennes de la première civilisation.	4000
—	babyloniennes.	2500
—	grès et porcelaines chinoises.	2500
—	mexicaines ou indo-américaines.	2000
—	égyptiennes et éthiopiennes, deuxième civilisation.	2000
—	pelasques-grecques (Homère).	900
—	grecques-étrusques.	600
—	latines-étrusques de la Pouille italique.	100
—	romaines.	100
—	et porcelaines japonaises.	27
—	scandinaves, germaines, etc.	Époq. indéterminées.
		Après J.-C.
—	gauloises.	200
—	germaines vernissées ou imperméables.	400
—	et porcelaines perses.	700
—	italiennes, demi-majoliques de Venise.	800

Les poteries allemandes, faïences fines et terres cuites émaillées. 1000
— musulmanes (hispano-moresques et sicilo-arabes). 1200
— italiennes, faïences fines. 1300
— hollandaises, — 1530
— françaises, faïences fines. 1540
— suisses, — 1650
— belges, — 1675
— russes, — 1700
— danoises, — 1700
— anglaises, — 1710
— suédoises, — 1740

Les *grès* sont compris dans ces poteries, à des différences d'époques près. D'origine chinoise et égyptienne, ils ont été découverts et fabriqués de nouveau en Europe, d'abord par les Allemands, savoir :

Grès gris et bruns, foncés, à Regensburg (Ratisbonne). 750
— — — à Baireuth. 1000
— gris-jaunâtre et bruns, à Nürnberg. 1300
— — et bleus, à Koln (Cologne). 1300
— — — à Neuwit. 1300
— gris-jaunâtre, à Reylingen en Hollande. 1424
— divers, à Beauvais, en France. 1500
— — dans les Flandres. 1550
— bruns, émaillés de couleurs, à Greismer, en Allemagne. 1570
— bleus gravés, à Greuzhausen, en Allemagne. 1784

Les anciennes *faïences translucides*, appelées vulgairement et improprement *porcelaines à pâte tendre*, ainsi que les *véritables porcelaines*, ou *porcelaines à pâte dure*, sont à classer de la manière suivante :

La porcelaine chinoise en *pâte dure* est la plus ancienne ; connue en Europe depuis 1474, son invention remonte au moins à 2500 ans avant J.-C.

Les porcelaines des Indes, du Japon et de Perse suivent.

La première *faïence translucide* ou *porcelaine à pâte tendre* connue est celle que l'on attribue à Florence. On la croit fabriquée en 1581, sous les Médicis. Une assiette de cette faïence translucide, à la marque d'une coupole (dôme de Florence) et d'un F, se trouve au musée de Sèvres. Des preuves irrécusables, comme des pièces authentiques datées, par exemple, n'existent cependant pas. Après cette porcelaine, on en connaît une autre, également à pâte tendre, brevetée à La Haye, en Hollande, en 1614, mentionnée, comme je l'ai déjà dit dans le courant de cet ouvrage, parmi les *résolutions* (arrêtés) des états généraux du 4 avril ; après celle-là, suivent :

La porcelaine tendre de	Saint-Cloud, près Paris.	1671
—	Rouen.	1673
—	Mennecy, près Corbeil.	1673
—	Nürnberg.	1712
—	Doccia, en Italie.	1735
—	Tournay (Doornick), en Belgique.	1750

La porcelaine tendre de	Capo di Monte, près Naples.	1750
—	Sèvres, près Paris.	1753
—	Worchester, en Angleterre.	1760
—	Chelsea, en Angleterre.	1763
—	Derby, en Angleterre.	1763
—	Bourg-la-Reine, près Paris.	1773
—	Sceaux-Penthièvre, près Paris.	1773
—	Chantilly, en France.	1773
—	Vista-Alègre, en Portugal.	1775
—	Niderwiller, en France.	1780
—	Schropshire, en Angleterre.	1780
—	Venise, en Italie.	1780
—	Buen-Retiro, en Espagne.	1780
—	Arras, en France.	1782

La véritable porcelaine, ou la porcelaine à pâte dure, composée de kaolin (chinois, ka-ho-lin) et de feldspath (petun-zé), pareille aux porcelaines des Indes, de la Perse, de la Chine et du Japon, a été de nouveau inventée en Europe par Frédéric Boetger,

A Meissen, en Saxe.	1704

Cette porcelaine a été fabriquée ensuite

à Wien (Vienne), en Autriche.	1720
à Louisburg, en Wurtemberg.	1730
à Doccia, en Italie.	1735
à Hochst, près Mainz (Mayence).	1740
à Berlin.	1743
à Strasbourg.	1750

à Furstenberg, en Brunswick.	1750
à Baden-Baden, en Allemagne.	1753
à Nimphenburg, en Bavière.	1753
à Frankenthal, dans le Palatinat.	1760
à Fulda, dans la Hesse.	1760
à Zurich, en Suisse.	1763
à Weesp, en Hollande.	1764
à Sèvres, près Paris.	1769
à Loosdrecht, en Hollande.	1772
à Arnhem, en Hollande.	1772
à Copenhague, en Danemark.	1772
à Saint-Pétersbourg, en Russie.	1772
à Sceaux-Penthièvre, près Paris.	1773
à Clignancourt, près Paris.	1773
à La Haye, en Hollande.	1775
à Venise, en Italie.	1780
à Amsterdam, en Hollande.	1782
à Nyon, en Suisse.	1790
à Vista-Alègre, en Portugal.	1790
à Korzec, en Pologne.	1800

Toutes ces dates seront motivées, et toute la partie historique et biographique sera composée d'après des documents authentiques des différents pays.

Quant aux localités de fabrication secondaire ou moins importante, elles seront toutes mentionnés également avec leurs marques, monogrammes et dates.

Paris. — Imprimerie P.-A. BOURDIER et Cie, 30, rue Mazarine.

Annuaire des Artistes et des Amateurs, 1re année 1860, 2e année 1861, publiées par M. Paul Lacroix, avec la collaboration de MM. E. Bellier de la Chavignerie, A. Bonnardot, archéologue ; G. Brunet, de Bordeaux, bibliophile ; Wilhem Bürger, P. Cheron, de la bibliothèque impériale ; le marquis de Chennevière, conservateur du Musée du Luxembourg ; Faucheux, Halévy, secrétaire perpétuel de l'Académie des Beaux-Arts ; Horsin Déon, peintre ; Arsène Houssaye, inspecteur général des Beaux-Arts ; le comte Léon De Laborde, de l'Institut, directeur général des Archives de l'empire ; P. Mantz, Henri Martin, Prosper Mérimée, de l'Institut, inspecteur général des monuments historiques ; A. de Montaiglon, de la bibliothèque Sainte-Geneviève ; Paul de Saint-Victor, Eud. Soulié, conservateur des musées de Versailles ; Fréd. Villot, conservateur du Musée des peintures au Louvre. 2 beaux volumes in-8 cavalier vélin satiné, ornés de gravures dans le texte et tirées à part. Chaque année se vend séparément. 5 fr.

Annuaire des Artistes et des Amateurs, pour 1862 (*sous presse*).

Barbet de Jouy (H.) — **Les Fontes du Primatice**, dans le Jardin de l'Empereur, aux Tuileries. In-8. 3 fr.

— **Les Della Robia**, sculpteurs en terre émaillée. Étude sur leurs travaux, suivie d'un catalogue de leur œuvre, fait en Italie en 1853. 1 vol. in-12. 2 fr.

Bellier de la Chevignerie. — **Recherches sur Mademoiselle Anne-Renée-Strésor**, membre de l'ancienne académie royale de peinture et de sculpture 1651-1713. in-8. 1 fr.

Blanc (Charles), ancien directeur des Beaux-Arts. — **Le Trésor de la curiosité**, tiré des catalogues de vente de tableaux, de dessins, estampes, marbres, bronzes, terres cuites, ivoires, médailles, armes, meubles, porcelaines et autres objets d'art et de curiosité, depuis 1730 jusqu'à nos jours, ouvrage accompagné de notices sur les artistes et les amateurs, d'éclaircissements de tout genre, et suivi d'une table analytique et méthodique. 2 vol. in-8, ornés de fig. dans le texte. 16 fr.

— **De Paris à Venise**. Notes au crayon. 1 vol. in-12 avec vignettes. 3 fr.

— **Les peintres des fêtes galantes.** Watteau, Lancret, Pater, Boucher. 1 v. gr. in-32, format diamant, avec 6 vignettes. 1 fr.

Boutard.— **Dictionnaire des arts du dessin**. 1 vol gr. in-8. 7 fr. 50

Breton (E.) — **Pompeïa,** décrite et dessinée, suivie d'une notice sur Herculanum, 1 vol. grand in-8, avec de nombreuses gravures. Broché. 10 fr.

Bürger (W.) — **Trésors d'art,** exposés à Manchester en 1857, et provenant des collections royales, des collections publiques et des collections particulières de la Grande-Bretagne. 1 vol. in-18 angl. 3 fr. 50

Ce travail est le plus complet et le plus exact qui ait paru en France et même dans les autres pays. Réuni en un volume, il conservera dans les bibliothèques d'art le souvenir de cette grande solennité artistique. Les amateurs, les collectionneurs, les artistes, les écrivains, tous ceux qui se préoccupent de l'histoire de l'art, apprécieront le livre de M. Bürger que la presse française, anglaise et allemande a jugé très-favorablement.

— Musées de la Hollande, I. — **Musées d'Amsterdam** et de **La Haye.** 1 vol. in-18 jésus, papier collé. 3 fr. 50

— Musées de la Hollande, II.— **Musée van der Hoop** et **musée de Rotterdam.** 1 vol. in-18 jésus, papier collé. 3 fr. 50

— **Galerie d'Aremberg,** à Bruxelles, avec le catalogue complet de la collection. 1 vol. in 18 jésus, papier collé. 2 fr 50

— **Galerie Suermondt,** à Aix-la-Chapelle. 1 vol. in-8, papier collé. 3 fr.

— **Rembrandt. — L'Homme et son œuvre.** *En préparation.*

Burtin. — **Traité théorique** et pratique des connaissances qui sont nécessaires à tout amateur de tableaux. 1 vol. gr. in-8. 10 fr.

Cennino Cennini. — **Traité de la Peinture,** mis en lumière pour la première fois, avec des notes par le chevalier G. Tambroni, traduit par Victor Mottez, peintre. 1 vol. in-8. 3 fr.

Chennevières-Pointel (M. le marquis Ph. de). — **Recherches** sur la vie et les ouvrages de quelques peintres provinciaux de l'ancienne France. 3 vol. in-8. 20 fr.

Les vol. 2 et 3 se vendent séparément chacun 5 fr.

Clément de Ris (M. le comte L.), attaché à la Conservation des musées impériaux. — **Les Musées de province.** 2 vol. in-8. 15 fr.

— **Le Musée royal de Madrid.** 1 vol. in-12. 2 fr.

Coindet (J.) — **Histoire de la peinture en Italie.** Nouvelle édition, 1861. 1 vol. in-12. 4 fr.

— Le même ouvrage, accompagné de 80 gravures. 12 fr. 50

Constantin (A.) — **Idées italiennes sur quelques tableaux célèbres.** 1 vol. grand in-8. 7 fr.

Coupin. — **Essai sur David,** peintre d'histoire. 1 vol. in-8. 1 fr. 25

Crowe (J.-A.) et Cavalcaselle (G.-B.) — **Les anciens peintres flamands,** leur vie et leurs œuvres, traduit de l'anglais par O. Delepierre, annoté et augmenté de documents inédits par MM. A. Pinchart et Ch. Ruelens. 1 vol. in-8, orné de 13 gravures sur bois tirées hors texte. Tome Ier. 7 fr. 50

Le Tome II est sous presse.

Dauban (C.-A.), conservateur, sous-directeur-adjoint, section des estampes à la Bibliothèque impériale. — **Ligier Richier,** sculpteur lorrain. Etudes sur sa vie et ses ouvrages. In-8. 2 fr.

— **Le Salon de 1861.** Brochure in-8. 1 fr.

David (Émeric). — **Jupiter.** Recherches sur ce dieu et sur son culte. 2 vol. in-8. 16 fr.

David (Émeric). **Neptune**. Recherches sur ce dieu et sur son culte, faisant suite au *Jupiter* et au *Vulcain*. 1 vol. in-8. 4 fr.

— **Vulcain.** Recherches sur ce dieu, sur son culte et sur les principaux monuments qui le représentent. 1 vol. in-8. avec figures. 5 fr.

Delaborde (M. le vicomte H.), conservateur, sous-directeur à la Bibliothèque impériale, section des estampes.— **Études sur les Beaux-Arts en France et en Italie.** 2 vol. in-8. (*En préparation.*)

Demmin (Aug.) — **Guide de l'amateur de faïences et porcelaines.** 1 vol. in-18, avec plus de 300 vignettes dans le texte. 3 fr. 50

— **Recherches** sur la priorité de la Renaissance de l'art allemand. Faïences du XIIIe siècle, terres cuites émaillées du Ve siècle. 1 vol. in-18.

Denis (Ferdinand), conservateur de la bibliothèque Sainte-Geneviève. — **Livre de prières**, illustré à l'aide des ornements, des manuscrits classés selon les styles divers qui se sont succédé depuis le VIIIe siècle jusqu'au XVIe. Reproduits en couleurs et publiés par B. Charles Mathieu, deuxième édition, augmentée d'un volume de texte historique et explicatif. 2 vol. grand in-16 jésus. 172 fr. 50

Le Livre de Prières illustré contient les 11 parties suivantes :

1.	Titres et Tables.	Calligraphie gothique.
2.	Approbation et Dédicace. .	Ornements de la Renaissance.
3.	Prières du matin.	— Greco-Byzantins.
4.	— du soir.	— Carlovingiens.
5.	— avant la Messe. . .	— Saxons.
6.	— pendant la Messe. .	— Romano-Allemands.
7.	— pour la confession.	— Romano-Français.
8.	— pour la communion.	— Gothiques.
9.	Messe du Mariage.	— Gothiques de la Renaissance.
10.	Huit miniatures.	de tous les styles.
11.	Appendice.	Ornements calligraphiques.

Duchesne (G.) aîné, conservateur. — **Description des estampes** exposées dans la galerie de la Bibliothèque impériale, formant un aperçu historique des productions de l'art et de la gravure, accompagnée de recherches sur l'origine, l'accroissement et la disposition méthodique de la collection. 1 vol. in-8. 3 fr.

Dumesnil (Jules). — **Histoire des plus célèbres amateurs** et de leurs relations avec les artistes. 5 vol. in-8. 37 fr. 50

Amateurs italiens, 1 vol. — Amateurs français, tome Ier, Colbert; — tome II, Mariette; — tome III, Seroux d'Agincourt, etc. — Amateurs espagnols, anglais, flamands, hollandais et allemands, 1 vol. — Chaq. volume se vend sép. 7 fr. 50

Cet ouvrage, entièrement terminé, fait connaître la vie intime des principaux maîtres de toutes les écoles, et révèle les particularités les plus intéressantes sur leurs œuvres.

Dumesnil (Henri). — **Le Salon de 1859.** 1 vol. in-8 jésus. 1 fr.

Du Mortier (B. C.) — **Recherches** sur le lieu de naissance de Pierre-Paul Rubens. 1 vol. in-8. 2 fr. 50

Duplessis (G.) — **Catalogue raisonné de l'œuvre d'Abraham Bosse.** 1 vol. in-8. 1858. 7 fr.

— **Mémoires.** — Voyez G. Wille.

Faucheux (L.-E.), membre de la société d'archéologie lorraine. — **Catalogue raisonné de toutes les estampes** qui forment l'œuvre d'Israël Silvestre, précédé d'une notice sur sa vie. 1 vol. in-8. 10 fr.

— **Catalogue raisonné de l'Œuvre de E. Ficquet**, suivi du Catalogue de l'œuvre de Pierre Savare, avec les prix que les portraits gravés par ces artistes ont atteint dans les ventes. in-8. (*Sous presse.*)

— **Catalogue des œuvres des maîtres,** peintres et graveurs, vendus depuis plus de 100 ans (avec leurs prix), suivi du Catalogue des estampes vendues plus de 1,000 fr. in-8, 1860. 4 fr.

Gaboriaux (A.) — **La Peinture réduite à ses principes simples et naturels** ou guide des amateurs de Beaux-Arts. 1 vol. in 18. 3 fr.

Gandar (E.), professeur à la Faculté des lettres de Caen. — **Les Andelys et Nicolas Poussin.** 1 vol. in-8, fig. 4 fr.

Gault de Saint-Germain. — **Guide des amateurs de tableaux** pour les écoles allemande, flamande et hollandaise. Nouvelle édition. 2 vol. in-8. 14 fr.

Gruyer (A.) — **Essai sur les fresques de Raphaël au Vatican.** — *Les Chambres.* — *Les Loges.* — 2 vol. in-8, ornés du portrait de Raphaël, photographié d'après la gravure de Marc-Antoine Raimondi. 13 fr. 50

Le volume des *Loges* se vend séparément. 6 fr.

Kastner (G.) — **Chants** (les) de l'armée française ou Recueil de morceaux à plusieurs parties, composés pour l'usage spécial de chaque arme, et précédés d'un essai historique sur les chants militaires des Français. 1 vol. in-4. 15 fr.

— **Sirènes** (les), essai sur les principaux mythes relatifs à l'incantation, les enchanteurs, la musique magique, le chant du cygne, etc., considérés dans leurs rapports avec l'histoire, la philosophie, la littérature et les beaux-arts; ouvrage orné de nombreuses figures représentant des sujets mythologiques tirés des monuments antiques et modernes, et suivi de *le Rêve d'Oswald* ou les Syrènes, grande symphonie dramatique, vocale et instrumentale. 1 vol. in-4. 20 fr.

— **Voix de Paris** (les), essai d'une histoire littéraire et musicale des cris populaires de la capitale depuis le moyen âge jusqu'à nos jours, précédé de considérations sur l'origine et le caractère du cri en général, et suivi de *les Cris de Paris*, grande fantaisie humoristique, vocale et instrumentale. 1 vol. in-4. 15 fr.

Lacroix (Paul), Bibliophile Jacob et M. C. Masurzy de Aguirre. — **Revue universelle des arts**, paraissant le 15 de chaque mois, par cahier de 6 feuilles d'impression, forme ainsi, chaque année, deux forts vol. d'environ 600 pages chacun.

Prix d'Abonnement :

PARIS ET BRUXELLES :		DÉPARTEMENTS ET BELGIQUE :	
Un an.	24 fr.	Un an.	28 fr.
Six mois.	12 fr.	Six mois.	14 fr.

En vente : 14 volumes (avril 1855 à mars 1862). — Prix de chaque : **12** fr.

Lagrange (Léon). — **Joseph Vernet**, sa vie, sa famille, son histoire, d'après les documents inédits, avec des notes. 1858. 5 fr.

— **La Peinture et la Sculpture au Salon de 1861**, avec un appendice sur la gravure, la lithographie et la photographie, par M. Ph. Burty. 1 beau volume grand in-8, orné de 7 eaux-fortes tirées à part, de 18 gravures sur bois dans le texte et d'une belle gravure sur acier, d'après un tableau de Meissonnier. — Prix du volume. 10 fr.

Laborde (le comte de), membre de l'Institut. — **Documents inédits** ou peu connus sur l'histoire et les antiquités d'Athènes, tirés des archives de l'Italie, de la France, de l'Allemagne, etc. 1 vol. in-8. 10 fr.

— **La renaissance des Arts à la cour de France**, études sur le seizième siècle. (Addition au tome 1er.) 1 vol. in-8. 12 fr.

Mandelgren (N.-M.) — **Monuments scandinaves du moyen âge**, avec les peintures et autres ornements qui les décorent, dessinés et publiés par N.-M. Mendelgren, dédiés par autorisation à l'empereur Napoléon III. — Cet ouvrage sera publié en 5 livraisons, contenant chacune une feuille de texte et 8 planches, dont 3 en chromo-lithographie. Prix de la livr. 32 fr.

Les livraisons 1 et 2 ont paru. — La souscription comprend l'ouvrage complet.

Meaume (E.), membre de l'Académie de Stanislas, etc. — Recherches sur la vie et les ouvrages de **Jacques Callot**. 2 v. in-8. 15 fr.

Merlin (R.), conservateur du Dépôt des souscriptions et des collections du Dépôt légal. — **Les Cartes à jouer**. In-8. 2 fr.

Michiels. — **Les Peintres brugeois**, 1 vol. in-18 anglais. 3 fr.

Muxel. — **Galerie de Leutchenberg**, contenant 262 gravures à l'eau-forte, reproduisant les plus beaux tableaux de cette célèbre galerie. 1 fort volume in-4, relié. 55 fr.

Passavant (J.-D.), directeur du Musée de Francfort. — **Raphaël d'Urbin et son père Giovanni Santi**, avec le catalogue complet de leurs œuvres. — Édition française, refaite, corrigée et considérablement augmentée par l'auteur, sur la traduction de M. Jules Lunteschutz, revue et annotée par M. Paul Lacroix, conservateur à la bibliothèque de l'Arsenal. 2 beaux vol. grand in-8, cavalier vélin, ornés d'un portrait et fac-simile. Prix des 2 volumes. 20 fr.

Paulet (L.)— **Jacmart Pilavaine,** miniaturiste du quinzième siècle. 1 vol. in-8. 2 fr.

Petitot. — **Les Émaux de Petitot** du musée impérial du Louvre. Portraits de personnages historiques et de femmes célèbres du siècle de Louis XIV. In-4. Prix de la livraison. 1 fr. 50

Chaque livraison contient un portrait gravé au burin d'après l'émail original et une étude littéraire, historique et biographique inédite.

Le tome I (liv. 1 à 20) est en vente. 30 fr.

Raczynski (le comte A.) — **Les Arts en Portugal.** Lettres adressées à la Société artistique et scientifique de Berlin, et accompagnées de documents. 1 fort vol. in-8, avec planches et fac-simile. 9 fr.

— **Dictionnaire des artistes de l'école allemande.** 1 vol. in-8. 3 fr.

Complément de l'*Art moderne en Allemagne*, du même auteur.

— **Dictionnaire historico-artistique du Portugal,** pour faire suite à l'ouvrage ayant pour titre : *Les Arts en Portugal.* 1 vol. in-8. 6 fr.

— **Histoire de l'Art moderne en Allemagne,** précédée d'un résumé de cet ouvrage et suivie d'une table des matières et de la table des gravures, etc. 3 vol. in-4, ornés d'un grand nombre de gravures et de 3 atlas in-folio. 210 fr.

Relation de ce qui s'est passé en l'établissement de l'Académie de peinture et de sculpture, publiée d'après un manuscrit de la Biblioth. de l'Arsenal. In-8, 1857. 3 fr. 50

Renouvier (Jules). — **De l'Art pendant la Révolution de 1789.** 1 beau vol. in-8 cavalier. (*Sous presse.*)

— **Des types et des manières des maîtres graveurs,** pour servir à l'Histoire de la gravure en Italie, en Allemagne, dans les Pays-Bas et la France. 1 v. in-8 cavalier. (*Sous presse.*)

— **Histoire de l'origine et des progrès de la gravure dans les Pays-Bas et en Allemagne,** jusqu'à la fin du XVe siècle. 1 vol. in-8, cavalier. 10 fr.

Siret (Adolphe). — **Dictionnaire historique des peintres de toutes les écoles,** depuis l'origine de la peinture jusqu'à nos jours. 1 vol. in-4, composé de tableaux synoptiques et suivi de monogrammes (épuisé.) 30 fr.

— **Journal des Beaux-Arts, et de la Littérature,** peinture, sculpture, gravure, architecture, musique, archéologie, bibliographie, belles-lettres, etc., publié sous la direction de M. Ad. Siret, membre correspondant de l'Académie royale de Belgique. Prix d'abonnement pour la France. 11 fr.

Le *Journal des Beaux-Arts* paraît le 1er et le 15 de chaque mois.

Sobolstchikoff (B.), bibliothécaire supérieur de la Bibliothèque impériale publique de Saint-Pétersbourg. — **Principes pour l'organisation** et la conservation des grandes bibliothèques. 1 vol. in-12. 2 fr.

Tarbé (P.) — **Pigalle (Jean-Baptiste), sculpteur.** — Sa Vie et ses œuvres. 1 vol. in-8, papier vergé. 6 fr.
Papier fort., 8 fr. — Papier jonquille, 10 fr.

Van de Velde (C. W. M.) — **Pays d'Israël,** collection de 100 vues prises d'après nature dans la Syrie et la Palestine, pendant son voyage d'exploration géographique en 1851 et 1852; dédié à S. M. Guillaume III, roi des Pays-Bas, etc., etc. 20 feuilles de texte format Colombier et 100 planches chromolithographiques. Papier ordinaire. 300 fr.
Édition de luxe. 630 fr.

Il ne reste plus que quelques exemplaires des deux éditions.

Viardot (Louis). — **Comment faut-il encourager les Arts?** 1 vol. in-18, avec deux post-scriptum. 1 fr. 25

Wille (J.-G.) — **Mémoires et Journal de J.-G. Wille** de 1715 à 1743, et de 1759 à 1793, publiés pour la première fois par M. G. Duplessis, et précédés d'une préface par MM. Edmond et Jules de Goncourt. 2 forts vol. in-8. 14 fr.

« Ces Mémoires et le Journal sont un répertoire de toute sorte. Cela ne s'analyse pas autrement. Que chacun y prenne et y puise. Il y a là pour tous les genres d'études et pour tous les genres de curiosité. Publication utile, excellente et bien faite. » — (Ed. Thierry, *Moniteur* 12 janvier 1858.

Album religieux, contenant 36 belles planches, tirées à part, sur papier supérieur, et reproduisant les plus beaux tableaux religieux des grands maîtres. 1 vol. grand in-4, reliure mosaïque dorée. 20 fr.

Fleurs et Paysages. — Album contenant les monographies des grands paysagistes et peintres de fleurs, avec 80 gravures, 20 livraisons de l'Histoire des peintres, avec un titre orné, réunies en un beau vol. gr. in-4, rel. mosaïque dorée. 24 fr.

Musée dans un fauteuil (le). — Album extrait de l'Histoire des Peintres et contenant les monographies de Raphaël, Van Dyck, G. Dow, Salvator Rosa, Lebrun, etc., avec 80 gravures. 1 beau vol. grand in-4, relié. 24 fr.

Paris. — Typ. de P.-A. Bourdier et Cie, rue Mazarine, 30.

DU MÊME AUTEUR

GUIDE DE L'AMATEUR DE FAIENCE ET PORCELAINES, 1 volume in-18 jésus, orné de plus de 300 figures dans le texte. Prix : 3 fr. 50 c.

Paris. — Imprimerie de P.-A. Bourdier et Cie, rue Mazarine, 30.

www.ingramcontent.com/pod-product-compliance
Ingram Content Group UK Ltd.
Pitfield, Milton Keynes, MK11 3LW, UK
UKHW021106260726
13994UKWH00002B/749